AF762368

Planificarea Succesorală Pentru Conturile de Pensie Autoadministrate

Frank Selden

22 Lions Publishing

Copyright

Planificarea Succesorală Pentru Conturile de Pensie Autoadministrate

Scris de Frank Selden

Copyright © 2023 de Frank Selden. Toate drepturile rezervate.

Nici o parte din această carte nu poate fi reprodusă sub nicio formă fără permisiunea scrisă a editorului sau a autorului, cu excepția cazului în care acest lucru este permis de legislația americană privind drepturile de autor.

Contents

Prefață

Această carte ajută orice persoană care deține un cont calificat autoadministrat (SDQA), un cont IRA autoadministrat (SDIRA), un SoloK sau un rollover business startup (ROBS) să înțeleagă nuanțele de planificare a succesiunii care decurg din aceste structuri.

Neînțelegerea modului de transfer al activelor SDQA în cazul în care proprietarul contului (AO) moare poate duce la tranzacții interzise, distribuții sau descalificarea contului. Intenția nu este o problemă - rareori se acordă derogări sau apeluri. Din fericire, regulile nu sunt oneroase. Conformitatea este ușoară dacă cunoașteți procedurile adecvate.

Clienții mă întreabă întotdeauna cum am creat o practică juridică axată pe SDQA. Am crescut la o fermă de lactate, am părăsit agricultura la 30 de ani pentru a mă înrola în Garda Națională a Armatei și m-am întors acasă după tabăra de instrucție și școala militară pentru a lucra la o bancă locală. Mi-a plăcut activitatea bancară. Am plănuit să lucrez în acest sector până la pensie. Am oferit împrumuturi, IRA-uri, fonduri mutuale, anuități și am ajutat oamenii cu probleme importante ale vieții.

În timp ce lucram ca bancher, m-am înscris la un colegiu local pentru a mă califica pentru o promovare la funcția de manager de district. Orice diplomă de bacalaureat era eligibilă; banca nu cerea o diplomă în finanțe sau afaceri. Colegiul nostru comunitar local oferea doar câteva cursuri în cadrul programului de seară. Am ales psihologia, o diplomă de licență destul de inutilă, poate potrivită pentru angajatorii cărora nu le pasă de această specializare sau pentru admiterea la un program de studii superioare.

Banca la care lucram a fuzionat cu o bancă mai mare în trimestrul de primăvară al ultimului meu an de liceu. Fuziunea a eliminat multe posturi, inclusiv promovarea mea. Reorganizarea a transferat, de asemenea, vânzările de investiții, tot ceea ce îmi plăcea la locul meu de muncă, către un nou departament de valori mobiliare. Nu-mi mai plăcea domeniul bancar. M-am înscris la facultatea de drept în acea toamnă, intenționând să mă concentrez pe planificarea succesorală. Apoi s-a întâmplat 11 septembrie. Armata m-a chemat în serviciul activ. Facultatea de drept mi-a permis să îmi termin studiile în timp ce eram sub ordinele militare. Armata mi-a dat o permisie de patru zile, astfel încât să mă pot întoarce acasă după antrenament și să pot da examenul de avocat. Apoi am fost trimis în Irak pentru a mă alătura unității mele.

Mulți soldați consideră că un dispozitiv exploziv improvizat (IED) le poate strica întreaga zi. În cazul meu, o rană la spate și o eventuală externare medicală. Șase luni de fizioterapie mi-au permis să lucrez între opt și zece ore pe săptămână. Am căutat locuri de muncă pe care să le pot face de acasă. O nouă companie din zona noastră avea nevoie de un avocat care să o ajute cu produsul lor IRA auto-dirijat. Orele cu jumătate de normă și experiența mea în domeniul bancar se potriveau perfect cu nevoile lor. Un an mai târziu, au adăugat și un produs ROBS. Am rămas la acea companie timp de zece ani, până când problemele de sănătate m-au forțat să iau o pauză. Apoi mi-am deschis propria companie, creând, administrând și lichidând fonduri de pensii autoadministrate. Această companie s-a închis în 2021.

Periodic, am ajutat la curățarea mizeriei create de un promotor SDQA care nu a acordat atenție detaliilor sau de clientul care nu știa ce să facă. Unele mizerii au apărut pentru că proprietarul SDQA a murit, iar clientul, de obicei un executor sau un moștenitor, a pierdut activele și a primit o factură fiscală.

Această carte vă va ajuta să vă pregătiți corect planul succesoral, astfel încât activele să fie transferate în mod corespunzător atunci când va veni momentul. Ea vă va scuti pe dumneavoastră sau pe cei dragi de zeci de mii de dolari în taxe inutile și cheltuieli juridice.

Cu ani în urmă, mi-a sunat telefonul. Am recunoscut că prefixul era San Francisco. Am apăsat pe buton pentru a răspunde. După câteva cuvinte plăcute, inclusiv comentarii despre meciul Seahawks vs. 49ers din acel an, interlocutorul mi-a pus o întrebare despre SDQA. I-am răspuns. M-a întrebat dacă eram încrezător în răspunsul meu. Am răspuns "100%" și i-am dat referința corespunzătoare. A rămas tăcut pentru un moment. Apoi m-a întrebat cât îmi datora.

"Nimic!" Mai puțin de șase minute! În acele șase minute, însă, i-am arătat cum să evite factura fiscală uriașă care ar fi rezultat din efectuarea tranzacției așa cum o scrisese el. Din fericire pentru el, m-a sunat mai întâi.

Apoi a spus ceva remarcabil. "Te superi dacă îți spun ceva?".

"Deloc!"

"Am adresat această întrebare unei firme de avocatură de aici, din San Francisco. Voiau un contract de 2.000 de dolari pentru a cerceta această chestiune. Tocmai m-au sunat să-mi spună că încă nu au un răspuns și că vor să mărească onorariul. "Sunt zile în care urăsc avocații... cu excepția companiei de față."

Un răspuns corect poate dura două minute și totuși poate salva pe cineva cinci sau șase cifre în taxe și amenzi. Nu toți avocații, contabilii sau consilierii financiari cunosc răspunsurile la întrebările abordate în această carte. Dacă informațiile din această carte vă sunt utile, nu ezitați să le împărtășiți cu alte persoane care ar putea avea nevoie de ele.

Cu excepția cazului în care se discută despre un caz real în instanță, personajele din această carte sunt fictive și nu sunt menite să reprezinte persoane reale, în viață sau decedate.

Este posibil să fi auzit că Fiscul poate renunța la anumite penalități sau taxe dacă contribuabilul incriminat s-a bazat pe consultanță profesională în problema care a adus Fiscul la fața locului. Lectura acestei cărți nu constituie o astfel de încredere. Dacă doriți consiliere profesională pentru a vă apăra în fața IRS, va trebui să găsiți acel profesionist și să plătiți pentru serviciile sale.

O altă clauză de renunțare: Codul fiscal și linkurile din această carte sunt corecte începând cu iulie 2023. Dacă voi revizui cartea în viitor, voi schimba data "începând cu" de aici.

Sper că veți găsi această carte valoroasă. Nu ezitați să o împărtășiți cu alte persoane care ar putea folosi sfaturile.

Binecuvântări în călătoria dumneavoastră,

Frank Selden

Undeva în Caraibe, 2023

Introducere

Aveți un cont calificat auto-dirijat (SDQA), un IRA auto-dirijat (SDIRA), un SoloK sau un Rollover Business Startup (ROBS)? Dacă da, această carte este o lectură obligatorie pentru dumneavoastră. Înțelegerea nuanțelor de planificare succesorală generate de aceste construcții este esențială pentru a evita tranzacțiile interzise, distribuțiile sau chiar descalificarea contului. Consecințele necunoașterii modului de transfer al activelor SDQA după decesul titularului de cont (AO) pot fi dăunătoare. Dar nu vă faceți griji, această carte este aici pentru a vă ajuta. Cu explicații clare și concise ale procedurilor adecvate, conformitatea devine ușoară.

Așadar, cum a ajuns autorul, un fost bancher personal, să scrie o carte axată pe SDQA? Totul a început cu o fuziune care i-a schimbat cursul carierei. După ce a părăsit sectorul bancar și s-a înscris la facultatea de drept, a fost chemat să servească în forțele armate după 11 septembrie 2001. În cele din urmă, o rană la spate l-a forțat să lucreze de acasă și atunci a descoperit lumea IRA-urilor și a ROBS-urilor autoadministrate. Cu cunoștințele și experiența sa, a ajutat la curățarea mizeriei create de lipsa de atenție la detalii a altora sau pur și simplu de faptul că nu știau ce să facă.

Acum, el și-a pus toată experiența în această carte pentru a vă ajuta să vă pregătiți corect planul de succesiune, astfel încât bunurile dvs. să se transfere fără probleme atunci când va veni momentul. Risipirea a zeci de mii de dolari pe taxe inutile și onorarii juridice nu este o opțiune atunci când există o modalitate de a o evita. Autorul își amintește de un apel telefonic care a durat mai puțin de șase minute, dar care l-a salvat pe interlocutor de la o factură fiscală uriașă. Această carte are potențialul de a vă oferi același tip de informații valoroase.

Nu toți profesioniștii au răspunsurile la întrebările abordate în această carte, așa că este important să vă înarmați cu cunoștințele oferite aici. Iar dacă vi se pare utilă, nu ezitați să o împărtășiți cu alte persoane care ar putea, de asemenea, să beneficieze de ea. Nu uitați că citirea acestei cărți nu constituie un sfat profesional și, dacă aveți nevoie de reprezentare juridică în fața Fiscului, trebuie să apelați la serviciile unui profesionist calificat.

Așadar, scufundați-vă în lumea conturilor calificate autoadministrate și în nuanțele planificării succesorale și preluați controlul asupra viitorului dumneavoastră financiar. Această carte este ghidul dvs. pentru a naviga prin complexitățile și pentru a asigura un transfer de active fără probleme. Nu ratați ocazia de a economisi mii de euro și de a deschide calea pentru un proces de planificare succesorală fără stres.

Capitolul 1: Elemente comune ale SDQA - Planuri, conturi și fonduri calificate

Potrivit Internal Revenue Service (IRS), planurile calificate includ:

aranjamente individuale de pensionare (IRA);

Roth IRA-uri;

planurile 401(k), 403(b) și 457;

planurile SIMPLE IRA (planuri de stimulare a economiilor pentru angajați);

Planurile de pensii simplificate pentru angajați (SEP);

Planuri de pensii simplificate de reducere a salariilor angajaților (SARSEP);

IRA cu deducere din salariu;

Planuri de participare la profit;

Planuri de beneficii definite;

Planuri de achiziție de bani;

Planuri de acțiuni ale angajaților (ESOP);

Planuri guvernamentale.

Fondurile sunt considerate calificate dacă sunt vărsate într-un cont calificat în conformitate cu regulile de contribuție pentru acel tip de cont. Câștigurile realizate sunt impozabile pentru proprietarul contului (AO) nu în anul în care sunt obținute, ci în anul în care AO primește o distribuție din cont. Această carte nu se referă la impozitarea conturilor calificate, la compararea tipurilor de conturi sau la calcularea distribuțiilor minime obligatorii. Această carte se concentrează pe înțelegerea modului de creare sau de gestionare a unui plan succesoral care include SDQA. Puteți deschide un cont calificat în persoană sau online la bănci, case de brokeraj, firme de consultanță financiară și direct la unii custozi. Găsirea unei instituții care să ofere caracteristici SDQA este mai dificilă.

Dacă ați intra în banca la care lucram și ați cere să deschideți un cont IRA, v-aș spune: "Excelent. Noi facem IRA-uri. Doriți un CD cu rate diferențiate, un CD pe termen lung sau rate de piață monetară?". Asta e tot! Băncile sunt în domeniul distribuției. Ele vând produse financiare. Ca organizație de vânzări, le place să le ofere oamenilor opțiuni. Banca noastră a oferit trei opțiuni pentru un IRA, deoarece băncile pot oferi doar produse bancare. Pe atunci, ratele dobânzilor la CD-uri și la conturile de pe piața monetară erau atât de mari încât oamenii adorau să pună bani în bănci. Nu mai este așa de mult astăzi!

În calitate de bancher și consilier în valori mobiliare cu dublă licență, puteam recomanda și fonduri mutuale și anuități pentru conturile IRA ale clienților mei. Aceste investiții nu erau produse bancare. Le ofeream prin intermediul unei agenții de brokeraj afiliate la o societate-mamă care deținea atât banca, cât și agenția de brokeraj. Dacă cineva dorea investiții nebancare, reglementările îmi cereau să-mi înlocuiesc insigna FDIC cu o insignă SIPC, să schimb platformele informatice și cărțile de vizită și să informez clientul că trecem la discutarea produselor de valori mobiliare. Modificările ulterioare ale reglementărilor mi-au retras posibilitatea de a oferi valori mobiliare pe platforma băncii. În prezent, puteți intra în unele bănci și puteți purta discuții despre conturile de valori mobiliare, dar cu consilieri licențiați în domeniul valorilor mobiliare, nu cu bancheri, în birouri separate, dedicate. Aceștia nu lucrează pentru bancă, iar produsele lor nu sunt asigurate de FDIC.

Să presupunem că Ira Bancroft deschide un cont în octombrie la o bancă ce oferă conturi calificate. Decide să lase fonduri pe termen lung pentru pensie și alege ca investiție un CD pe un an. Extrasul de cont de la sfârșitul anului arată un CD de 5.000 de dolari care generează o dobândă modestă. Numele contului CD include cuvântul "Ira". Ira vizitează un contabil în ianuarie pentru a-și începe declarația de impozit, lucru pe care majoritatea contabililor îl apreciază, deoarece mulți oameni aduc o cutie de pantofi plină de hârtii pe 14 aprilie, sperând la un miracol. Contabilul analizează W-2 și se încruntă în timp ce calculează mental reținerile federale ca procent din salariul dumneavoastră. Retenția nu este suficientă, constată el calm. Va avea nevoie de deduceri semnificative pentru a evita o factură fiscală mare. Pe W-2 al ei nu figurează nicio contribuție la planul angajatorului. El o întreabă pe Ira dacă a făcut vreo contribuție calificată în timpul anului. Ira nu este sigură. Ea ia un extras de cont bancar care arată un cont cu cuvântul IRA. A făcut doamna Bancroft vreo contribuție calificată?

Pentru ca depozitul ei să se califice drept contribuție IRA, ea trebuie să aibă venituri și un depozit într-un cont calificat. În acest exemplu, vedem un depozit, un cont, o investiție, un titlu de cont care include cuvântul "IRA", o intenție de a economisi pentru pensie și un custode - tot ceea ce ne-am aștepta să vedem dacă ar fi făcut în mod corect o contribuție calificată. Cu toate acestea, ea nu a spus băncii că dorea să facă o contribuție la IRA. CD-ul ei nu se află într-un cont IRA. Ea datorează impozit pe venit pentru cei 5.000 de dolari, iar dobânda este impozabilă în anul în care este câștigată. Pe baza discuției cu contabilul, Ira poate face ceva pentru a folosi aceiași 5 000 de dolari ca și contribuție la IRA în anul precedent, pentru a evita impozitul pe venit pe aceste fonduri și pentru a permite acumularea principalului cu impozit amânat?

Da! Regulile IRA îi permit să facă o contribuție pentru un an anterior dacă aceasta este făcută înainte de 15 aprilie și dacă informează depozitarul că este vorba de o contribuție pentru anul anterior. Ira se întoarce la bancă și explică ce dorește. Un bancher îi spune că răscumpărarea CD-ului înainte de data scadenței va duce la o mică penalizare a dobânzii acumulate. Ira se uită fix la el. Casierul mormăie: "Să văd ce pot face în privința asta".

Ira Bancroft pleacă acum de la bancă cu un buletin de depunere într-un cont marcat IRA în beneficiul lui Ira (FBO). Fondurile sunt investite din nou într-un CD pe un an, iar penalizarea pentru retragere anticipată este anulată. Ira este mulțumit. Și-a redus factura fiscală din anul precedent cu 1.250 de dolari!

Desemnarea conturilor calificate variază în funcție de compania de servicii financiare și de tipul de cont. De exemplu, denumirea unui cont IRA tradițional ar putea fi "Ira Bancroft IRA" sau "Back Alley Bank, IRA, FBO Ira Bancroft". Investițiile deținute într-un cont calificat pot fi aceleași cu cele deținute într-un cont personal, dar câștigurile realizate într-un cont calificat sunt cu impozit amânat, în timp ce câștigurile dintr-un cont personal sunt impozabile.

Cine deține un cont calificat? Nu dețineți un SDQA în sensul juridic în care dețineți un cont curent, un vehicul sau un condominiu în Maui. Drepturile de proprietate sunt limitate la cele permise de reglementările pentru tipul de cont. Conturile calificate funcționează ca un trust, cu administratori fiduciari și beneficiari. Un cont de plan calificat este creat și guvernat de reglementări și documente, la fel cum un trust este creat și guvernat de reglementări și documente. Un trust este un contract între constituitor și fiduciar. Un cont calificat funcționează în același mod: contribuiți cu fonduri provenite din veniturile obținute până la nivelul maxim permis de tipul de plan. Puteți alege investiții dintre cele oferite de instituția unde deschideți contul pentru plan. Puteți solicita distribuiri din cont, care pot fi impozabile pentru dumneavoastră și pot face obiectul unei penalități pentru distribuire prematură (PMDP) dacă aveți mai puțin de 59 de ani și jumătate. Mă refer la o persoană cu un SDQA ca proprietar de cont (Account Owner - AO), conform practicii din industrie. Dacă sunteți un proprietar de cont calificat, VOI sunteți AO în această carte.

Există șase definiții importante pe care trebuie să le înțelegeți acum:

Un plan calificat oferă o creștere cu impozit amânat și îndeplinește cerințele IRS pentru tipul său de plan;

Un cont calificat este un cont care aparține acelui plan. Aceste conturi oferă acces la opțiuni de investiții permise de instituția care oferă contul;

Fondurile calificate sunt fonduri deținute de un plan calificat în conformitate cu regulile planului;

O contribuție este o contribuție făcută în conformitate cu regulile pentru acest tip de cont, care convertește veniturile obținute în fondurile calificate și amână impozitul pe aceste venituri;

Un rulaj este o mișcare a fondurilor calificate dintr-un cont calificat în altul;

O distribuire convertește fondurile calificate înapoi în venit câștigat, creând un eveniment impozabil.

Cât de important este să se facă diferența între acești termeni? Pentru majoritatea planurilor calificate, nu este. Registratorii și administratorii se ocupă de detalii. Pentru SDQA, acest lucru este crucial. Neînțelegerile pot duce la greșeli costisitoare. Mai multe persoane au sunat după ce au crezut că transferă bani de la un cont calificat la altul, dar nu au urmat procedurile adecvate, iar Fiscul a considerat tranzacția ca fiind o distribuție impozabilă.

În conturile calificate...

Contribuțiile trebuie să provină din venitul salarial și sunt limitate de tipul de cont calificat;

Nu se calculează niciun impozit federal pe venit pentru contribuția respectivă.

Venitul din investiții obținut în cont nu este impozitat în anul în care este obținut; impozitarea este amânată până la distribuire.

Întreaga distribuire este impozitată la ratele de venit obișnuite în anul distribuirii.

Pentru conturile necalificate...

Contribuțiile pot proveni din orice sursă, inclusiv moșteniri și cadouri, în general fără limite, deși acestea pot fi declarate.

Venitul este impozitat la ratele obișnuite de impozitare a venitului.

Veniturile realizate din cont sunt impozitate la ratele câștigurilor de capital în anul în care sunt obținute.

Retragerile nu sunt impozitate.

Întrebări de test: Fără presiune, fără notițe, cu carte deschisă, iar dacă vă descurcați bine, puteți să vă acordați o stea de aur sau orice altceva doriți. Aceste întrebări vă pot atenționa asupra complicațiilor din SDQA. Această carte va clarifica detaliile. Deocamdată, amintiți-vă că veniturile devin calificate atunci când sunt depuse conform regulilor tipului de plan într-un cont deținut de acel plan.

Întrebarea 1: Abe retrage 5.000 de dolari din contul său de economii de la bancă. Îi duce la o instituție financiară care oferă conturi de brokeraj pentru IRA-uri, prin intermediul cărora poate cumpăra acțiunile în creștere pe care le-a urmărit. El semnează un contract de cont IRA. Brokerul îi ia banii și îi eliberează o chitanță. El primește un extras de cont în care apare ca titular al contului "Instituție financiară, FBO Abe, IRA". Este tot ce este nevoie pentru ca Fiscul să considere fondurile "calificate"?

Răspuns la întrebarea 1: Depinde. Ce altceva mai trebuie să știm? În primul rând, are Abe venituri pentru anul respectiv? În al doilea rând, este el eligibil să contribuie la o IRA? Dacă da și da, atunci da! Dacă Abe are venituri și este eligibil pentru a contribui la o IRA, acele fonduri sunt calificate. De asemenea, Abe trebuie să includă o chitanță de contribuție în declarația sa de impozit.

Întrebarea 2: Sophie dorește o IRA autoadministrată care să îi ofere control local, sau control prin carnet de cecuri, asupra fondurilor sale calificate. Ea alege un custode și angajează un profesionist pentru a pregăti documentele. Ea alege un SRL prin care își va exercita controlul local. Conturile LLC nu sunt conturi calificate. În acordul de funcționare al LLC, IRA-ul ei figurează ca membru al LLC și ea însăși ca administrator. Sophie transferă fondurile calificate existente în noul cont IRA. Ea deschide un cont bancar de afaceri în numele LLC. Apoi, depozitarul transferă în mod corespunzător fondurile din contul IRA în contul bancar al LLC. Fondurile din acest cont al LLC au un statut calificat?

Răspuns la întrebarea 2: Da. Fondurile din contul LLC au un statut calificat, așa cum a fost raportat de către depozitarul IRA, nu de către bancă. În acest exemplu, contul bancar nu este un cont calificat, ci un cont curent de afaceri deținut de LLC. Dacă Sophie s-ar fi dus la aceeași bancă și ar fi deschis un cont IRA pentru a primi fondurile de la depozitarul SDQA, ar fi creat un transfer și i s-ar fi permis să investească aceste fonduri doar în oferte bancare.

Întrebarea 3: Ralph își investește IRA într-o LLC al cărei administrator este. Ralph dorește să primească o distribuire din IRA-ul său. El scrie un cec pe numele său din contul bancar al LLC. Își informează contabilul cu privire la distribuirea IRA. Contabilul îi cere un formular 1099-R. Ralph este confuz. Fondurile sunt considerate calificate, deci scrierea unui cec către el însuși este o distribuție, nu?

Răspuns la întrebarea 3: Pentru o distribuție corectă, LLC trimite fondurile către membrul său, IRA. Depozitarul transmite apoi fondurile lui Ralph, conform cererii de distribuire a lui Ralph. Depozitarul pregătește formularele fiscale corespunzătoare. Deși ambele metode au ca rezultat faptul că fondurile LLC ajung în buzunarul lui Ralph, IRS consideră că procesul custodelui este o distribuție corectă, în timp ce Ralph care își scrie un cec din contul LLC este o tranzacție interzisă (PT). PT-urile generează taxe suplimentare și pot invalida întreaga IRA.

Capitolul 2: Ce înseamnă "auto-direcționat"?

Profesioniștilor din industrie le place să discute despre iritarea lor după muncă, atunci când creierul nostru este obosit, dar vrem să părem inteligenți în timp ce sorbim un whisky bun, ascunzându-ne într-un colț întunecat precum Peter Lorre și Sydney Greenstreet în Șoimul Maltez. Voi lăsa deoparte glumele neesențiale de genul "Ești un idiot" sau "Iată ce e în neregulă cu acest sector!". Un consilier de investiții (IA), supărat că a pierdut clienți în favoarea companiilor de marketing pe internet, depreciază conturile calificate și cele autoadministrate. "Nu există așa ceva ca un cont calificat autodirijat. Aruncați o privire la reglementări! Nu se află pe acea listă. SDQA-urile sunt o impostură care plasează oamenii în investiții nepotrivite, ocolind obligațiile fiduciare ale unui consilier de investiții."

Un administrator nu este de acord. "Toate conturile calificate sunt auto-direcționate într-o anumită măsură. Știți la fel de bine ca și mine că clientul direcționează investițiile în funcție de ceea ce oferă depozitarul." Un bancher îl întrerupe, așa cum fac toți bancherii. Ar trebui să știu. "Autodirecționarea este un instrument de marketing inventat de promotorii care vor să facă bani rapid pe o anumită piață. Conceptul nu rezistă la o analiză amănunțită. Ar trebui să folosească termenul "auto-responsabil", deoarece clientul este responsabil pentru problemele pe care poate nu le înțelege." Rămân tăcut și îi las să se descarce, bucurându-mă de un whisky de 18 ani mai mult decât de opiniile lor. Unul dintre ei mă întreabă: "Deci, Selden, ce părere ai despre SDQA?".

Fac o pauză de trei secunde. Întotdeauna ezit, chiar și atunci când știu ce am de gând să spun. Oamenii tind să creadă că îi ascult și că mă gândesc la un răspuns adecvat. Încearcă să faci asta cândva. "Sunt de acord cu toată lumea".

Acordul meu nu se potrivește bine în acest grup competitiv în care toată lumea vrea să aibă dreptate și să demonstreze că toți ceilalți greșesc. Iată de ce toată lumea are dreptate. Aruncați o privire la lista IRS din capitolul 1. Vedeți "lucrător pe cont propriu" pe listă? Nu este acolo. Fiscul are dreptate. Industria serviciilor financiare a controlat accesul la conturile calificate timp de zeci de ani. Prin "controlat", mă refer atât la accesul la configurarea contului, în sensul că nu puteți înființa un astfel de cont decât prin intermediul lor, cât și la accesul la investiții, de unde își fac banii. Conturile de pensie din SUA valorează în mod colectiv trilioane de dolari. Taxele de tranzacție, taxele de gestionare a activelor, taxele 12b-1 și comisioanele generează profituri uriașe pentru Wall Street.

Atunci când cineva deschide un cont calificat la o bancă sau la o companie de servicii financiare, de obicei nu plătește nimic pentru deschiderea contului și poate alege dintre opțiunile de investiții oferite de instituțiile financiare. Investitorul decide unde să își deschidă contul în funcție, în parte, de opțiunile de investiții. Investitorul controlează alegerea investițiilor dintre cele oferite de instituția financiară. În acest sens, administratorul are dreptate. Ce se întâmplă dacă cineva crede că piața bursieră nu este sigură pentru fondurile sale de pensii? Poate că preferă proprietățile.

Investitorul se duce la bancher sau la AI și cere să cumpere proprietăți cu fondurile sale IRA. S-ar putea să i se spună: "Nu este permis", iar investitorul acceptă acest răspuns. Ce înseamnă acest lucru? De ce nu este permis? Regulile IRS pentru IRA? Nu! Băncile oferă produse bancare. Firmele de investiții oferă investiții din Seria 6 sau Seria 7 sau gestionarea activă a banilor. Sunt permise bunurile imobiliare pentru majoritatea conturilor calificate conform normelor IRS? Da! Băncile și fondurile mutuale vând proprietăți? Nu! Băncile și societățile de investiții le spun clienților că pot cumpăra proprietăți imobiliare cu fondurile lor de pensii dacă deschid un cont la anumiți custozi? Nu. În schimb, băncile și alte instituții financiare îi sperie pe oameni să se îndepărteze de SDQA cu povești de groază despre consecințele greșelilor făcute pentru a ține evidența numărului de AUM.

În 2004, când am început să lucrez în sectorul SDQA, câștigurile imobiliare depășiseră piața bursieră până la punctul în care tranzacțiile în numerar dominau piața. Mai mulți custozi au permis conturilor lor calificate să dețină proprietăți imobiliare. Agenții de custodie nu fac bani din investiții în același mod în care companiile de servicii financiare fac bani din vânzarea de investiții. În schimb, aceștia percep comisioane pentru serviciile de cont. În mod normal, ei lucrează numai cu investitori care sunt suficient de sofisticați pentru a-și gestiona investițiile și care sunt dispuși să plătească taxele.

Intră în joc industria de publicitate. Nu știu cine a inventat termenii "auto-dirijat" sau "control al carnetului de cecuri", dar este o mină de aur pentru marketing. Promotorii s-au apropiat de custozi și au spus: "Noi ne ocupăm de marketingul dumneavoastră, vă educăm clienții și le creăm conturi pe platforma dumneavoastră". Unii custozi au fost de acord. Promotorii au perceput o taxă, unele de până la 5.000 de dolari. Pentru ce? Pentru a înregistra un SRL și a furniza materiale educaționale introductive. Mulți bani în industria promotoarelor la acea vreme, suficient pentru a atrage câteva escrocherii. Dar vom vorbi mai târziu despre promotori!

Bancherul are, de asemenea, dreptate. "Self-directed" este un termen de marketing. Când promotorii au amenințat semnificativ profiturile Wall Street-ului, sectorul serviciilor financiare a reacționat. Unii au început să anunțe că puteți deschide un cont autodirijat la ei. Ce vă permit aceste conturi auto-direcționate să faceți pe care vechile conturi nu o făceau? De obicei, o gamă mai largă de investiții încă din portofoliul instituției. Unii custozi își anunță conturile ca fiind auto-direcționate. Aceștia insinuează că conturile lor vă oferă libertatea de a investi în orice vă permite codul fiscal.

Ce se întâmplă cu SRL-urile în care proprietarul contului este managerul? Nu. IRA cumpără proprietăți în mod direct, nu prin intermediul unui LLC sau al unui trust administrat de client. Este inutil să le argumentezi că publicitatea lor sugerează că clienții pot controla fondurile. Am încercat deja să o fac. Ei nu sunt obligați să ofere această opțiune. Pentru ei, SDQA înseamnă orice permite departamentul lor de conformitate.

Promotorii le spun oamenilor că motivul pentru care acești custozi nu permit clienților să controleze fondurile calificate este că sunt egoiști și doresc comisioanele de tranzacție create de deținerea directă a IRA. Promotorii nu explică faptul că investitorul mediu nu va percepe, pe durata de viață a contului calificat, comisioane de tranzacție egale cu cele percepute în avans de către promotor pentru a crea un adevărat SDQA. Cine este egoist aici?

Ce înseamnă pentru mine "auto-dirijat"? Este un termen suprautilizat care înseamnă lucruri diferite pentru oameni diferiți. Persoana care deține fonduri într-un cont calificat are autoritatea de a-și direcționa investițiile. Compania care furnizează contul, fie că este un custode, o bancă sau o societate de investiții, are dreptul și, în unele cazuri, este obligată să limiteze opțiunile de investiții la cele oferite de respectiva companie. Dumneavoastră alegeți între opțiunile oferite.

Autodirecția se referă nu numai la selectarea investițiilor, ci și la responsabilitatea pe care v-o asumați în ceea ce privește controlul fondurilor dumneavoastră de pensii. Această responsabilitate, mai degrabă decât alegerea, este cea care creează probleme în planificarea succesorală pentru persoanele care nu înțeleg regulile. Da, un SDQA poate oferi mai multe opțiuni de investiții decât un cont calificat tipic. Dar, consumatorule, ai grijă, controlul local crește responsabilitatea ta. Proprietarii de conturi dobândesc obligații și responsabilități inerente procesului SDQA, chiar dacă promotorul nu i-a informat. Faptul că "nu am știut" nu îi scutește de taxe și amenzi pentru greșeli.

Luați în considerare acest scenariu din viața reală. O persoană care a sunat a spus că cineva i-a spus că îl pot ajuta cu o problemă SDQA. I-am spus că aș fi fericit să ajut dacă aș putea. Mi-a spus că soțul ei a decedat. SDIRA-ul său a fost investit într-un SRL al cărui administrator era. Un avocat care o ajuta cu inventarul a observat LLC-ul și a întrebat cine îl deținea. Nu au putut găsi nici o înregistrare a proprietății și nici un acord de funcționare. Ei au presupus că el era proprietarul și i-au transferat proprietatea asupra LLC în conformitate cu testamentul. De asemenea, a contactat depozitarul IRA pentru a discuta despre moștenirea IRA a acestuia. Când au descoperit că activele LLC erau pe numele ei, depozitarul i-a spus că s-a angajat într-o tranzacție interzisă și că întreaga sumă era acum impozabilă pentru ea. Din fericire, rapoartele nu fuseseră depuse și am lucrat cu custodele pentru a corecta problemele.

Întrebare de test: Termenul "self-directed" implică faptul că proprietarul contului controlează investițiile în care este configurat contul:

1. Oricine oferă un cont autoadministrat oferă această opțiune;

2. Orice IRA autodirijat;

3. Orice cont Solo autoadministrat;

4. Numai în măsura în care acest lucru este permis de custode sau de documentul planului.

Răspuns: Depozitarii sau promotorii SDQA permit clienților să direcționeze investițiile, dar, după cum am văzut, acest lucru nu înseamnă neapărat că clienții pot crea un cont tranzacțional care să le permită să controleze fondurile. Răspunsul corect este 4 - Numai în măsura în care acest lucru este permis de depozitar sau de documentul planului.

Capitolul 3: Jucătorii SDQA

Doriți să creați un SDQA. Pe cine trebuie să sunați? Dacă faceți ceea ce fac majoritatea oamenilor în societatea noastră a erei informaționale, începeți cu o căutare online. În această dimineață am folosit un browser privat și un motor de căutare care nu permite urmărirea și am tastat "self-directed IRA". Rezultatele de pe prima pagină de căutare includ custozi, societăți de investiții, consultanți, promotori și un "ghid suprem" gratuit (în opinia mea, nimic mai mult decât un discurs de vânzare). Cine sunt aceste companii și cu ce se ocupă?

Fiduciari: Conform reglementărilor, un fiduciar are autoritate discreționară asupra fondurilor din cont, în timp ce un custode nu are. Mai târziu, vom discuta despre un AO care acționează în calitate de fiduciar pentru un grantor trust finanțat de IRA al AO. Același termen, dar în această secțiune termenul se referă la organizațiile aprobate de IRS pentru a acționa în calitate de administratori fiduciari pentru conturi calificate. Reglementările IRS limitează organizațiile care pot acționa în calitate de administratori sau custozi. IRS publică o listă de custozi și fiduciari nebancari aprobați, care include cooperative de credit, companii de asigurări de viață, companii de fonduri mutuale, asociații de economii și împrumut și firme de brokeraj de investiții.

Custozi: Aceștia sunt fie bănci, fie non-banci. Custozii bancari respectă liniile directoare ale Rezervei Federale. Depozitarii bancari sunt reglementați de Federal Deposit Insurance Corporation (FDIC). Asociația de Reglementare a Industriei Financiare (Financial Industry Regulatory Association - FINRA) reglementează depozitarii nebancari. Reglementările federale impun ambelor tipuri de custozi să furnizeze anumite servicii și îi autorizează să restricționeze serviciile în cadrul anumitor parametri. Consumatorii cu conturi calificate tradiționale interacționează rareori cu depozitarul care le administrează conturile. Ei comunică cu administratorii sau cu promotorii. Mulți deținători de conturi SDQA lucrează direct cu un custode și trebuie să știe ce va face sau nu va face acel custode pentru ei. Citiți documentele contului dvs. și puneți întrebări despre orice lucru pe care nu îl înțelegeți.

Rolul custodelui: Creează și menține contracte, formulare și aplicații care fac obiectul cerințelor IRS și ale Departamentului Muncii (DOL). Trebuie să respectați următoarele reglementări federale: Anti-Terrorism Financing (ATF), Anti-Money Laundering (AML), Bank Secrecy Act (BSA), liniile directoare ale Financial Crimes Enforcement Network ("FinCEN"), reglementările Office of Foreign Asset Control ("OFAC") și Uniting and Strengthening America by Providing Appropriate Tools Required to Intercept and Obstruct Terrorism Act (USA PATRIOT Act). Acceptă, documentează și înregistrează contribuțiile, distribuțiile, transferurile și rulajele;

protejează confidențialitatea AO; facilitează instrucțiunile de contribuție, investiție și distribuire ale AO, așa cum permit reglementările și politicile custodelui; păstrează documentația activelor planului, inclusiv: acorduri de subscriere, certificate, acorduri de funcționare, memorandumuri de ofertă și bilete la ordin; furnizează rapoarte IRS și DOL pe formularele 1099-R, 5498 și 5500; furnizează declarații către AO.

Nu va acționa în calitate de custode (chiar dacă îl rugați frumos):

Nu va acționa ca un consilier de investiții, fiscal sau juridic;

Nu va recomanda sau aproba investiții sau consilieri;

Nu va determina valoarea justă de piață (FMV) a niciunei investiții;

Nu va efectua o verificare prealabilă a niciunei investiții sau a niciunui sponsor de investiții;

nu va evalua caracterul adecvat al investiției;

nu va stabili dacă o tranzacție este o tranzacție interzisă (PT);

Echipa de administrare: Administratorii se ocupă de documente. Un administrator poate, de asemenea, să vândă investiții către conturi calificate. Banca cu care am lucrat a acționat ca un deținător de registre. Când clienții alegeau un cont de piață monetară sau un CD pentru IRA, extrasele pe care le primeau veneau de la bancă. Această bancă nu a acționat ca custode, deși o bancă poate fi custode. Clienții noștri nu aveau nicio interacțiune directă cu depozitarul. Banca noastră s-a ocupat de administrarea contului. Banca a câștigat bani, depozitarul a câștigat bani, iar clienții au primit un venit modest din dobânzi care a crescut cu impozit amânat pentru pensia lor.

Este nevoie de administratori pentru SDQA? Pentru SDIRAs, nu, AO lucrează direct cu un custode care se ocupă de raportare. Pentru SoloKs, poate! Un administrator se poate ocupa de raportarea IRS pentru plan dacă AO nu dorește să își asume această responsabilitate. Pentru ROBS, recomand cu tărie un administrator, deoarece cerințele de raportare sunt mult mai complicate.

Promotori: Promotorii produselor IRA, SoloK și ROBS promit opțiuni de investiții combinate cu control personal. Ei nu sunt custozi, avocați, consilieri financiari, bănci sau firme de investiții. Promotorii pun oamenii în legătură cu un custode atunci când este necesar, îi ajută cu documentația contului, le oferă informații cu privire la aspecte critice și creează entitățile sau documentele legale necesare, cum ar fi SRL-uri, trusturi, corporații și planuri. Promotorii percep o taxă pentru serviciile lor. În general, serviciile lor se încheie atunci când contul controlat de client este alimentat. Unii oferă servicii administrative continue pentru SoloK și ROBS, în general nu și pentru IRA, cu excepția cazului în care sunt și custozi. Promotorii pot primi un comision pentru a face afaceri cu custozii și nu trebuie să îl dezvăluie.

Cunosc două case de brokeraj deținute de avocați. Deși un client poate considera că sfaturile lor sunt mai fiabile decât cele ale altor promotori ai căror angajați nu au această pregătire, acești promotori nu creează o relație avocat-client. Dacă aveți o plângere cu privire la serviciile sau sfaturile lor, nu veți avea nicio cale de atac la Baroul de Stat sau la asigurarea de malpraxis juridic a avocatului.

Sunt procurorii necesari? Deseori, consumatorii nu au de ales. Avocații creează documente pe care custozii nu le pot crea prin regulament. Ajută acest aranjament consumatorii? Da, pentru că oferă ceea ce doresc clienții, și nu, pentru că acordul impune responsabilități publicului, adesea fără explicații sau asistență.

Basil Rothbone decide că dorește o SDIRA care îi oferă control personal prin intermediul unui trust, astfel încât să poată evita taxa exorbitantă - în opinia sa - de înregistrare anuală a LLC din statul său. Abilitățile sale de investigare extrem de rafinate localizează un custode care permite administrarea de trusturi gestionate de clienți. Departamentul de conformitate al custodelui dorește o copie a trustului pentru aprobare. Nu, ei nu furnizează acel trust. Da, au o listă de furnizori care pot ajuta, dar nu recomandă niciunul. După mai multe apeluri telefonice, Basil decide că poate să afle secretul acestor trusturi și să evite taxele percepute de acești furnizori. Basil găsește un articol în care se precizează că trusturile pentru IRA-uri sunt trusturi revocabile de tip grantor. Basil creează un grantor trust revocabil cu ajutorul unui sistem online de creare automată a documentelor și economisește o sumă substanțială de bani în comparație cu utilizarea unui grantor. El înregistrează trustul. Departamentul de conformitate îl respinge. Ofițerul de conformitate întreabă cu îndrăzneală dacă Basil a redactat el însuși trustul. "Da!", răspunde el cu mândrie.

Basil aude un oftat. Ofițerul de conformitate continuă. "Trustul este investiția IRA-ului dumneavoastră. Noi nu putem determina dacă investiția este adecvată, nu putem efectua o verificare prealabilă a unei investiții, nu putem oferi consultanță juridică și nici nu putem stabili dacă numirea dvs. în calitate de fiduciar constituie o tranzacție interzisă. Dorim ca acest fond să fie înființat de cineva care poate atesta suficiența legală a fondului. Ați contactat pe cineva de pe lista pe care v-am trimis-o?"

De data aceasta, Basil oftează. El contactează un promotor care pregătește documentele necesare. Acest lucru le permite fiduciarilor reglementați să spună Fiscului că nu au oferit consultanță fiscală, juridică sau financiară. Promotorii din spațiul nereglementat ridică pur și simplu din umeri și spun Fiscului că au acționat la instrucțiunile clientului. Ceva nu este în regulă? Este vina dumneavoastră.

Consilieri profesioniști: Consiliere pentru investiții - SEC, FINRA și autoritățile statale reglementează consilierii de investiții. Consilierii pot avea o licență Seria 6 (fonduri mutuale, anuități variabile și prime de asigurare), o licență Seria 7 (valori mobiliare, altele decât mărfuri și contracte futures), o licență de asigurare de viață, sănătate sau invaliditate sau pot acționa ca consilier de investiții înregistrat (gestionează active și oferă consultanță financiară clienților). Maria, care se gândește să devină SDQA, dorește să știe dacă o anumită investiție este potrivită pentru fondurile sale eligibile. Pe cine poate întreba? Depozitarii și promotorii nu oferă consultanță în materie de investiții. Ea se duce la biroul local de investiții al lui Ignatius Casper Alistair Nevin Townsend III. Ce o sfătuiește acest strălucit fiu al lui Townsend II? Dacă Maria dorea să investească în ceva oferit de compania lui Ignatius, putea să deschidă un cont la ei. Dar nu, ea vrea proprietăți, valori mobiliare neînregistrate, monede și criptomonede. Ignatius nu o va sfătui. Nu poate, conform regulilor și cerințelor de licențiere ale companiei sale. Mary este lăsată în seama cercetărilor și experienței sale, împreună cu orice sfaturi utile oferite de potențialul vânzător al investiției și cu ideile împărtășite de persoane de încredere care nu sunt consilieri.

Consultanță fiscală: Proprietarii SDQA găsesc adesea informații generale utile de la profesioniștii în domeniul fiscal. Nu este nevoie de prea multă consiliere fiscală, deoarece veniturile realizate din SDQA sunt amânate la plata impozitului. Profesioniștii în domeniul fiscal - contabilii, contabilii, agenții înregistrați - pot ajuta la întocmirea declarațiilor individuale pentru a documenta contribuțiile și distribuirile, cu condiția să prezinte documentația corespunzătoare. Profesioniștii în domeniul fiscal sunt, de asemenea, o resursă valoroasă pentru problemele fiscale care decurg din moștenirea unui cont calificat. Calculul valorii succesiunii în scopul impozitului pe succesiune include valoarea de piață justă a SDQA. Moștenirile sunt, în general, scutite de impozit pentru moștenitor. Cu toate acestea, decesul nu evită impozitul pe venitul obișnuit amânat datorat pentru conturile calificate. Regulile privind moștenirea SDQA variază ușor în funcție de tipul de cont.

Consultanță juridică: Necesitatea consultanței juridice este mică pentru SoloKs, modestă pentru IRA trusts și LLCs și semnificativă pentru ROBS. Voi vorbi mai multe despre fiecare dintre acestea în secțiunile respective. Consilierea juridică nu este necesară pentru SDQA dacă cineva știe ce face. Din nefericire, acesta nu este un domeniu de practică obișnuit, iar găsirea unui avocat care cunoaşte aceste reguli poate fi ca şi cum ai căuta un ac în carul cu fân. Un caz emblematic de SDQA implică un avocat în calitate de pârât. Nu toţi avocaţii sunt familiarizaţi cu aceste construcţii.

Faptul de a şti cine face ce în cadrul procesului vă poate ajuta să ştiţi pe cine să apelaţi. Obţineţi îndrumarea de care aveţi nevoie de la persoanele care sunt calificate să o ofere!

Capitolul 4: Transferurile SDQA și normele privind impozitul pe avere

În scopuri de impozitare a succesiunii, toate conturile calificate sunt incluse în patrimoniul unei persoane în scopul calculării impozitării acestei succesiuni. "Vreți să spuneți că, atunci când voi muri, moștenitorii mei vor trebui să plătească impozite pe SDQA-ul meu?" Nu chiar așa! Moștenirea trebuie să plătească impozite pe succesiune dacă valoarea acesteia este mai mare decât limita impozabilă la nivel federal sau de stat, dar moștenitorii nu sunt responsabili pentru datoriile succesiunii, chiar dacă impozitele pe succesiune reduc valoarea moștenirii lor. Alții sunt confuzi cu privire la motivul pentru care calculul impozitului pe succesiune include conturile calificate, deoarece aceste conturi trec direct la beneficiari din afara succesiunii.

Haideți să clarificăm ambele aspecte. Profesia juridică folosește cuvântul "succesiune" pentru a defini două concepte foarte diferite. Eu mă refer la aceste două concepte ca fiind "mică și" succesiune și "mare și" succesiune. Ce este inclus în valoarea unei succesiuni în scopul impozitului pe moștenire (nu este exhaustiv): Toate bunurile în care defunctul avea un interes; anumite transferuri fără o contraprestație adecvată; anuități; partea inclusă din succesiunile comune cu drept de supraviețuire; anumite venituri din asigurări de viață; bunuri asupra cărora defunctul avea o putere generală de numire. Moștenirea mică "e", sau moștenirea în inventar, include toate bunurile în care defunctul avea un interes (nu include bunurile deținute în trust, conturile plătibile la deces sau alte bunuri asupra cărora defunctul avea control, dar nu le deținea direct).

Atunci când X moare, sistemul judiciar de succesiune creează o entitate juridică numită "The estate of X, decedat". Această succesiune primește un număr de identificare a angajatorului de la IRS. Această moștenire conține tot ceea ce defunctul a deținut în mod individual: conturi bancare, bunuri imobiliare, opere de artă, antichități, vehicule și obiecte personale, cum ar fi două taloane de bilete pentru spectacolul de deschidere oficială a piesei A Bigger Bang a trupei The Rolling Stones la Fenway Park. Valoarea acestei "mici" proprietăți este importantă pentru moștenitorii succesiunii, dar nu și pentru IRS. Executorul, sau reprezentantul personal, este autorizat de instanță să plătească facturile succesiunii și să transfere activele rămase ale acesteia către moștenitori. Nu toate activele sunt incluse în succesiune. Activele deținute în comun cu drept de supraviețuire trec direct la ceilalți proprietari. Conturile financiare cu desemnarea plății sau a transferului în caz de deces trec direct la persoanele desemnate. Activele unui trust rămân în proprietatea trustului FBO al noilor beneficiari, administrat de un fiduciar succesor. Conturile calificate merg către persoanele sau entitățile care figurează pe formularul de desemnare a beneficiarului. Se spune că aceste active trec în afara procesului de inventariere de stat, în afara statului "e".

Atunci când se calculează dacă averea "E" a lui X este impozabilă, sunt incluse toate activele care pot fi atribuite lui X. În prezent, impozitul federal pe succesiune scutește primele 11 milioane de dolari. Impozitele de stat pe succesiune sau pe moștenire variază foarte mult. Majoritatea succesiunilor din SUA nu s-ar confrunta cu probleme legate de impozitul federal pe succesiune. Cred cu tărie, așa cum a fost exprimat într-un caz din 1866 al unui tribunal din New York care implica un testament, că "viața, libertatea sau proprietatea nimănui nu sunt în siguranță cât timp legislatura este în sesiune". Verificați cu avocatul dumneavoastră specializat în planificarea succesorală pentru a afla cele mai recente limite federale și statale ale impozitului pe succesiune. Planurile succesorale nu sunt actualizate automat doar pentru că se schimbă regulile. Da, conturile calificate vor fi transferate către beneficiarul din afara statului numit pe BDF. Da, conturile calificate - chiar și ROTH IRA - sunt incluse în valoarea "E" a statului în scopul impozitului pe succesiune. Nu, moștenitorii dvs. nu vor fi răspunzători pentru obligațiile succesorale.

Formulare de desemnare a beneficiarului: Deschiderea unui cont calificat include posibilitatea de a completa un formular de desemnare a beneficiarului (BDF). Acest formular permite AO să enumere un beneficiar principal și, eventual, un beneficiar secundar sau contingent. BDF-urile variază de la un custode la altul. Este posibil să vedeți o opțiune de desemnare care se referă la un model din acordul de custodie. De asemenea, valoarea implicită variază. Unele planuri au ca opțiune implicită soțul/soția, apoi copiii și, în cele din urmă, averea. Alte planuri se referă în mod implicit doar la succesiune.

Ce se întâmplă dacă cineva moare și nu se găsește un BDF? Custodele utilizează textul beneficiarului implicit din contractul de cont. Mulți oameni nu știu care sunt valorile implicite din contractele lor. Ce se întâmplă dacă cineva creează un cont calificat, își numește soțul/soția ca beneficiar, divorțează, se recăsătorește și moare? Fostul soț sau fosta soție ar putea moșteni contul.

Unii oameni rezolvă problema unui BDF lipsă sau neactualizat prin crearea unui testament care descrie modificările de beneficiar cu puțin timp înainte de a crede că vor muri. Multe state nu permit testamentelor să reglementeze dispunerea activelor neprobate. Chiar dacă statul dvs. vă permite să modificați desemnările beneficiarilor în testament, vă recomand să completați BDF pentru fiecare cont sau investiție aplicabilă. Statisticile arată că aproximativ 70% dintre oameni mor fără testament, în timp ce majoritatea au un cont calificat. Dacă sunteți ca majoritatea oamenilor, veți amâna întocmirea unui testament până când va fi prea târziu. Actualizarea unui testament este mai costisitoare și necesită mult timp. În cele din urmă, în cazul în care există o discrepanță între testament și BDF, unii administratori vor îngheța fondurile și vor avea nevoie de o hotărâre judecătorească pentru a le elibera. Completați un BDF pentru fiecare cont calificat, păstrați o copie împreună cu dosarele de planificare succesorală și revizuiți-le periodic pentru modificări.

Conturi versus investiții: Atunci când un custode IRA tipic sau un administrator de plan distribuie fonduri unui beneficiar, acesta convertește investițiile în numerar și distribuie banii. Beneficiarii nu sunt implicați în vânzarea de acțiuni IRA, obligațiuni, fonduri mutuale, REIT-uri, valute, opțiuni, mărfuri etc. În cazul SDQA în care contul calificat investește într-un LLC, un trust sau o societate cu acționariat restrâns, custodele nu are autoritatea de a vinde activele. Uneori, nimeni nu o face după decesul unui AO.

Unul dintre primii clienți ROBS a decedat la scurt timp după ce societatea sponsor a finalizat configurarea ROBS. La momentul respectiv, documentele societății sponsor îl menționau pe clientul individual doar ca administrator al planului, acționar, membru al consiliului de administrație și director. Soția sa l-a sunat pe promotor, care i-a sugerat să mă sune pe mine. Planul avea acțiuni în companie ca investiție. Ea dorea să îi vândă compania, deoarece nu știa prea multe despre afacere. Ea nu avea autoritatea de a vinde compania. Ea nu putea moșteni contul planului, deși era beneficiarul desemnat, până când planul nu se ocupa de acțiuni. Am corectat problemele pentru a crea autoritatea de care avea nevoie, un pas inutil atunci când formularele societății promotoare numeau soțul/soția ca fiind un director al societății.

Impozitare dublă? Un client a susținut odată că includerea valorii contului calificat într-o succesiune în scopul impozitului pe succesiune și solicitarea impozitării distribuției a dus la o dublă impozitare neconstituțională. Dublă impozitare? Da! Neconstituțională? Cu greu! Contribuțiile la conturile calificate provin din salarii. Datorăm guvernului nostru impozitul pe venitul obișnuit pe salarii. Dacă ne calificăm, putem alege să contribuim din salariu și să nu plătim impozit federal pe venit pentru această contribuție. Investițiile generează venituri pentru care nu plătești impozite. În schimb, impozitul pe venitul obișnuit este plătit pe întreaga distribuție.

Comparați acest lucru cu a nu contribui. Am creat o foaie de calcul care compară investițiile cu impozit amânat prin intermediul unui cont calificat cu investițiile impozabile pentru aceeași sumă brută. Atunci când distribuțiile sunt efectuate pe parcursul mai multor ani, atât guvernul, cât și persoana fizică primesc mai mulți bani cu conturile calificate. Guvernul primește substanțial mai mult ca procent de creștere în comparație cu contribuabilul. Cred că Congresul știa acest lucru când a creat aceste conturi. În ceea ce privește dubla impozitare nedreaptă, contul necalificat are, de asemenea, statutul "E". Două impozite diferite: impozitul pe venit (pe salarii) versus impozitul pe succesiune (pe tot ceea ce depășește un anumit nivel).

Întrebare test: Valoarea contului calificat este inclusă în valoarea succesiunii în scopul impozitului pe succesiune, trece la beneficiarii din afara succesiunii, așa cum sunt enumerați în ABR (cu excepția cazului în care succesiunea este beneficiarul sau ABR este absent) și poate genera impozit pe venit pentru beneficiar. Care este răspunsul corect?

1. 1. Adevărat.

2. 3. Fals.

3. 3. Nu știu.

4. Mă doare capul.

Răspuns: Odată m-am certat cu un profesor de la facultatea de drept că răspunsul meu "Nu știu" era o afirmație adevărată și că meritam să fiu notat ca fiind corect. El a susținut că dacă argumentul meu ar fi fost valabil, studenții nu ar fi studiat, nu ar fi învățat nimic, ar fi răspuns "Nu știu" la fiecare întrebare și s-ar fi așteptat să treacă. A câștigat acest argument. Poate fi adevărat că te doare capul, dar acesta nu este răspunsul corect la întrebare. Fiecare parte a acestei întrebări este adevărată, așa că cel mai corect răspuns este 1.

Capitolul 5: Limite de reglementare

În timpul unei croaziere în Alaska, am observat că o zonă a punții era închisă pentru oaspeți. Printr-o fereastră de la ușă, am putut vedea o punte frumoasă din lemn, balustrade, parâme și bomfaier, cea mai din față scândură care se întindea de la prova, unde puteam să fac propria mea scenă din "Regele lumii" de pe Titanic. L-am întrebat pe un manager de relații cu oaspeții cum pot avea acces la această punte. Ea m-a informat că această punte a fost deschisă oaspeților doar o singură dată, când nava de croazieră a organizat o petrecere pentru doar câteva sute de invitați selectați. Am zâmbit. Ea m-a trecut pe lista de invitați. În timpul evenimentului, compania de croazieră a oferit băuturi calde, a pus muzică antrenantă la un volum redus și a servit o selecție limitată de băuturi alcoolice fără niciun cost pentru oaspete - singura dată în timpul călătoriei când un oaspete nu a trebuit să plătească prețuri exorbitante pentru alcool.

Cam la jumătatea celor două ore de eveniment, m-am apropiat de scara mică care ducea la bomfaier. Un semn metalic pe care scria "Accesul interzis" se legăna în vânt pe un mic lanț suspendat între balustrade. Puțin descurajat, m-am apropiat de un ofițer al navei care se afla în apropiere.

"Pot să stau pe bompres și să fac o fotografie?", am întrebat.

"Nu, domnule", mi-a răspuns pe un ton plăcut și profesionist, cu un accent indian din Imperiul Britanic.

"Care este pedeapsa dacă cineva face asta?". Am zâmbit. Nu a funcționat.

"Nu asta este întrebarea pe care ar trebui să o puneți, domnule". Tonul lui nu s-a intensificat, așa cum se întâmplă de obicei când cineva pune la îndoială autoritatea. "Întrebarea pe care trebuie să v-o puneți, domnule, este "Pot?", iar răspunsul la această întrebare este "Nu, nu puteți"."

A menținut contactul vizual direct, într-o confruntare vizuală de tipul "primul care se uită în altă parte pierde".

Am făcut o pauză, am menținut contactul vizual, m-am gândit să plec și am decis să încerc din nou. Un alt zâmbet, un ton încrezător, dar neconflictual. "Înțeleg că regulile spun că nu pot. Sunt doar curioasă. Dacă cineva face asta, ce se întâmplă?"

Ochii lui s-au lărgit ușor, dar vocea și limbajul corpului au rămas la fel de stoice ca și garda reginei de la Palatul Buckingham. "Întrebarea pe care trebuie să v-o puneți, domnule, este "Pot?", iar răspunsul la această întrebare este "Nu, nu puteți".

Oamenii transmit o mulțime de informații prin ochii lor, intenționat sau nu. Ochii lui îmi spuneau că dacă îl întreb din nou nu voi obține un răspuns diferit. Am zâmbit pentru ultima oară, i-am mulțumit și am plecat. În timpul restului festivităților, am putut vedea bărbați musculoși în blazere albastre, cu căști translucide și fire buclucașe în urechea stângă, care îmi monitorizau activitățile.

Acest capitol discută despre limitele de reglementare ale investițiilor și interacțiunii cu fondurile calificate. O mulțime de cuvinte, pe pagini aparent nenumărate. Codul fiscal actual are aproximativ 2.600 de pagini. Adăugați regulamentele IRS, hotărârile de venituri și jurisprudența adnotată și veți obține o mlaștină de șaptezeci de mii de pagini care nu este pe deplin înțeleasă de politicieni, agenți IRS, judecători sau avocați fiscali. Spre deosebire de ofițerul de pe croaziera mea din Alaska, discuția noastră include penalități. Vom verifica lanțul, vom scormoni la pancartă, poate chiar o vom legăna, dar nu vom da drumul lanțului și nu vom urca pe scări, oricât de tentant ar fi să dovedim că suntem proprietarii navei noastre, regii și reginele fondurilor noastre de pensii.

Unii clienți se împotrivesc la început. "Autodirijat trebuie să însemne că pot să fac ce vreau!"

"Într-un fel, da. Regulile tratează anumite tranzacții ca distribuții, un eveniment impozabil. Este asta ceea ce doriți?"

"Nu", răspundeți cu o pauză care sună aproape ca un suspin resemnat. "Vreau să-mi discut ideile cu tine, iar tu să-mi spui dacă regulile interzic acest lucru." Bun răspuns!

Sancțiuni pentru tranzacțiile interzise: Dacă Fiscul stabilește că a avut loc o tranzacție interzisă, prima sancțiune este că valoarea tranzacției sau întregul cont este considerată a fi distribuită la valoarea de piață corectă la 1 ianuarie a anului în care a avut loc tranzacția interzisă. Declarația de impozit pe venit pentru anul respectiv este recalculată, în esență, cu venitul adăugat, iar orice impozit suplimentar este datorat pentru anul fiscal respectiv. Se poate aplica o penalizare de 10% pentru distribuire anticipată dacă proprietarul contului are mai puțin de 59½ ani. IRC 4975(a) și (b) impune o acciză nedeductibilă pe două niveluri pentru fiecare tranzacție interzisă. Primul nivel este un impozit de 15% pe suma în cauză pentru fiecare an în care PT nu este corectată. Al doilea nivel este o acciză de 100% din suma implicată, dacă tranzacția interzisă nu este corectată într-o anumită perioadă impozabilă. Dacă acest lucru nu este suficient de descurajant, IRC 6662(b)(2) adaugă o penalitate suplimentară de 20% legată de acuratețe dacă declarația inițială depusă pentru anul tranzacției interzise subestimează impozitul recalculat cu 5.000 de dolari sau 10%.

Cineva face un PT de 100.000 de dolari:

Impozit de 25% și nu se aplică nicio deducere = impozit pe venit de 25.000 de dolari;

10% PMD = 10.000 DE DOLARI;

15% impozit pe consum = 15.000 USD;

20% penalitate de exactitate = 20.000 de dolari.

Acest lucru echivalează cu 70.000 de dolari în impozite și penalități pentru Trezorerie, presupunând că persoana a corectat problema în timp util. În caz contrar, Fiscul ar putea percepe o sumă suplimentară de 100.000 de dolari sub formă de accize.

Recomandarea mea este să nu pierdeți timpul gândindu-vă la avantajele și dezavantajele tranzacțiilor interzise. Pur și simplu nu le faceți.

Investiții și tranzacții interzise: Cu excepția cazului în care se aplică o excepție specifică, Internal Revenue Code interzice fondurilor calificate să investească în,...

a) Contracte de asigurare de viață - IRC §408(a)(3);

b) obiecte de colecție - IRC §408(m)(2). Un "obiect de colecție" include artă, covoare, antichități, metale, pietre prețioase, timbre, băuturi alcoolice și, cu anumite excepții, monede;

c) S Corporation Stock - IRC §§1361(b)(1)(B) și (c)(6). Acțiunile corporației nu sunt interzise, dar un cont calificat nu este un proprietar eligibil pentru ca o corporație să își păstreze statutul fiscal de "pass-through". Orice corporație S care acceptă un cont calificat ca acționar își pierde statutul de societate de tip "pass-through tax" prin regulament.

Chiar dacă investiția în sine este permisă, IRC § 4975(c)(1) interzice următoarele tranzacții directe sau indirecte între activele calificate și o persoană descalificată:

(a) Vânzarea, schimbul sau închirierea de bunuri;

b) Împrumutul de bani sau acordarea de credite;

c) Furnizarea de bunuri, servicii sau facilități;

d) Transferul către o persoană descalificată sau utilizarea sau beneficiul de către o persoană descalificată a oricărui venit sau activ al planului;

e) o persoană descalificată care tranzacționează veniturile sau activele planului în interes propriu sau pe cont propriu;

f) Primirea de către o persoană descalificată a oricărei contraprestații de la orice parte care tratează cu planul în legătură cu orice tranzacție care implică veniturile sau activele planului.

Cine este o persoană descalificată? După cum puteți vedea din lista tranzacțiilor interzise, toate PT-urile implică o persoană descalificată. Dacă o tranzacție nu implică direct sau indirect o persoană descalificată, aceasta nu este o tranzacție interzisă. Persoanele descalificate sunt definite în secțiunea 4975 (e)(2) din Codul fiscal intern. Această listă include soțul, strămoșul, strămoșul, descendentul în linie dreaptă și soțul unui strămoș sau al unui descendent în linie dreaptă al titularului de cont; și o corporație, un parteneriat, un trust sau o moștenire care este deținută în proporție de cel puțin 50%, direct sau indirect, de persoane descalificate.

Pentru a vedea cum funcționează aceste două concepte împreună, luați în considerare un apel pe care l-am primit de la cineva care m-a întrebat dacă contul său calificat ar putea cumpăra un condominiu în apropierea unei universități pentru a obține venituri din închiriere. Am spus că da, deoarece un apartament nu este o investiție interzisă. Apoi am întrebat despre posibilii săi chiriași. Mi-a răspuns că fiica ei fusese acceptată la acea universitate și că dorea să îi ofere o alternativă la a locui într-un cămin. Investiția? Da, chiria pentru fiica ei? Nu! Nu contează dacă fiica ei plătește sau nu chirie la valoarea justă de piață. Fiica dvs. este o persoană descalificată și această tranzacție nu este permisă. Deoarece această scrisoare se concentrează pe moștenirea conturilor autoadministrate, nu pe gestionarea acestora, nu vom intra în detalii aici. Consultați un profesionist specializat în aceste probleme sau consultați manualul IRS.

Venituri impozabile din afaceri nelegate: Faptul că un cont calificat poate avea impozit pe venit este probabil cel mai confuz concept pentru clienții mei. De ce ar trebui ca un cont cu impozit amânat, sau mai ales un ROTH cu creștere neimpozabilă, să plătească impozit pe venit pentru investițiile sale? În afară de faptul că așa a spus Congresul, nu pot explica pe deplin de ce, dar pot explica cum funcționează. În 1947, absolvenți bogați au donat C.F. Mueller Company, o companie producătoare de paste făinoase, Școlii de Drept a Universității din New York, cu intenția ca profiturile companiei să finanțeze activitățile educaționale ale școlii de drept. Școala de drept nu a plătit impozit pe venit pentru veniturile companiei C.F. Mueller. Fiscul a contestat acest lucru și a pierdut, deoarece, la acea vreme, organizațiile scutite de impozit nu erau supuse impozitului pe venit pentru veniturile lor din orice sursă, în cazul în care veniturile erau utilizate pentru scopul scutit al organizației.

În 1950, Congresul a modificat codul fiscal pentru a crea impozitul pe venitul din activități independente. Congresul a promulgat oficial legea din cauza preocupărilor legate de faptul că organizațiile non-profit aveau un avantaj incorect atunci când concurau în aceleași activități cu organizațiile cu scop lucrativ. Îmi pot imagina o poveste din culise în care Congresul a putut vedea ce scria pe peretele școlii de drept - proprietarii de afaceri din întreaga țară transferau afaceri către organizații scutite de impozit, secând astfel visteria federală.

Normele privind venitul impozabil al întreprinderilor nelegate (UBTI) gestionează statutul de scutire de impozit pe baza sursei de venit, nu a utilizării acestuia. Aceste reguli se aplică, de asemenea, conturilor calificate. Conceptul este numit de unii impozitul pe venitul nelegat de afaceri (UBIT). Nu folosesc aceste acronime în mod interschimbabil; UBTI se referă în mod specific la venitul în sine, în timp ce UBIT pune accentul pe impozitul datorat pe venit. În cazul în care un cont calificat este contribuabilul responsabil pentru venitul de afaceri, acel cont calificat trebuie să plătească impozit pe venit către guvernul federal. Pentru mai multe informații, consultați publicația IRS Tax on Unrelated Business Income of Exempt Organisations (Impozitul pe veniturile comerciale nelegate ale organizațiilor scutite). De exemplu, să presupunem că un cont calificat investește într-un restaurant. Titularul contului s-ar putea gândi: "Pot să îmi depășesc concurența în această afacere cu marje reduse fără a fi nevoit să plătească impozit federal pe venit!". Dar concluzia acestui titular de cont este greșită. Ce s-ar întâmpla dacă, în loc să dețină un restaurant, contul calificat ar investi într-o corporație pentru a obține acțiuni, iar această corporație, înregistrată la IRS ca o corporație "C" în scopuri federale, ar plăti impozit federal pe venitul obținut din afacere? UBIT nu este datorat pentru contul calificat, deoarece venitul este pur pasiv. Moștenirea unui cont calificat este un bun moment pentru a analiza activitatea contului în ceea ce privește veniturile impozabile. Nu este interzis ca un cont calificat să genereze UBTI. Este suficient să depuneți declarația corespunzătoare și să plătiți impozitul. Entitățile scutite de impozit plătesc UBIT prin depunerea formularului 990-T. Pot fi necesare și alte formulare fiscale, în funcție de entitate.

UBIT se aplică oricărei SDIRA sau SoloK care este contribuabilul responsabil pentru o investiție care atribuie venituri din afaceri contului calificat. Simplu, dar nu întotdeauna ușor! Reginald a folosit un IRA-LLC pentru a cumpăra un condominiu în apropierea unui campus universitar. El intenționa să închirieze apartamentul studenților în timpul anului școlar și să îl folosească ca locuință de vacanță săptămânală în timpul verii. Ideii sale de apartament i se pot aplica două reguli UBTI: măsura în care venitul din închiriere provine din bunuri imobiliare sau bunuri personale și durata perioadei de închiriere (o săptămână, treizeci de zile etc.).

Veniturile din închirieri de bunuri imobiliare sunt excluse din calculul UBTI. Închirierile de bunuri personale sunt incluse, la fel ca și închirierile sau leasingurile de mobilier. Închirierile sau leasingurile cu prețuri care le includ pe amândouă necesită o analiză suplimentară. Veniturile din chirii sunt excluse din UBTI dacă chiria pentru bunuri personale reprezintă mai puțin de 10 % din chiria totală. În cazul în care chiriile care pot fi atribuite bunurilor personale sunt mai mari de 10 %, dar nu mai mari de 50 %, sunt incluse doar chiriile care pot fi atribuite bunurilor personale. În cazul în care chiriile care pot fi atribuite proprietății personale depășesc 50 %, UBTI se aplică tuturor veniturilor din chirii. Deducerile sunt disponibile pentru chiria inclusă. Reginald a decis să stabilească prețul și să își amenajeze apartamentul astfel încât venitul din închiriere să fie exclus din UBTI.

Odată m-am cazat la un hotel de lungă ședere după un eveniment important care mi-a schimbat viața. Recepționerul m-a întrebat cât timp aveam de gând să stau. Nu știam și l-am întrebat dacă asta ar fi contat. El mi-a explicat sistemul de prețuri pentru chiriile lunare în comparație cu cele săptămânale sau zilnice. Economiile semnificative oferite oaspeților care închiriază un spațiu pe bază lunară se datorează, în principal, impozitelor comerciale mai mari asociate cu închirierile zilnice și săptămânale. Acest concept se aplică, de asemenea, proprietarilor de proprietăți cu un cont calificat.

Hotelurile, motelurile, hanurile și casele de vacanță sunt întreprinderi. UBTI se aplică atunci când venitul din acest tip de afacere este atribuit unui cont calificat în calitate de contribuabil responsabil. Faptul că acest cont primește venituri datorită structurii de proprietate a activelor nu reprezintă o problemă. Unele persoane din biroul meu au investit într-o investiție imobiliară în care venitul impozabil este atribuit contului lor, niciun fond nu este eliberat de investiție (de obicei, un SRL de tip "pass-through" cu mai mulți membri), iar contul calificat nu conține fonduri pentru plata impozitelor.

Contul calificat al lui Reginald nu trebuia să plătească UBIT pe chiriile lunare din timpul anului școlar, ci pe chiriile săptămânale din vacanța de vară. La fel ca și hotelul cu sejur prelungit la care am stat eu, a facturat în consecință și a menținut suficiente rezerve de numerar pentru a plăti impozitele.

UBTI nu se aplică unui aranjament ROBS, deoarece corporația, nu planul, este contribuabilul responsabil. Oricine deține sau moștenește un SDIRA sau SoloK trebuie să înțeleagă această problemă sau, cel puțin, să aibă profesioniști care o fac. Majoritatea proprietarilor de SDIRA și SoloK nu declanșează UBIT și doresc să stea cât mai departe de acest concept. Analizați rentabilitatea netă a investiției, inclusiv impozitele datorate și cheltuielile de returnare a impozitelor, și luați propria decizie.

Venitul finanțat din datorii nelegate: UDFI se aplică SDIRA-urilor, dar nu și SoloK-urilor sau acordurilor ROBS. Acesta este un avantaj distinct pentru SoloK-uri față de SDIRA-uri și este unul dintre principalele motive pentru care mulți oameni aleg un SoloK în locul unui SDIRA, dacă se califică pentru ambele. UDFI datează din Legea privind veniturile din 1950 și afectează toate entitățile scutite de impozit. Fiscul și instanțele au rafinat regulile de-a lungul anilor, deoarece contribuabilii pricepuți le-au folosit pentru a transforma veniturile obișnuite în câștiguri de capital. Astăzi, așa cum se aplică în cazul IRA, aceste reguli prevăd pur și simplu că, dacă un cont calificat împrumută fonduri pentru a achiziționa sau îmbunătăți un activ, procentul de venit atribuibil fondurilor împrumutate este impozabil pentru IRA.

Samantha a sunat pentru a discuta despre cumpărarea unei proprietăți cu SDIRA-ul său. SDIRA-ul ei controla aproximativ 300.000 de dolari, mai mult decât suficient în zona ei pentru a cumpăra o proprietate de închiriat decentă care să genereze venituri. Cu toate acestea, ea dorea să cumpere două proprietăți adiacente care erau în prezent de vânzare. De asemenea, dorea ca fiecare proprietate să fie deținută de un SRL diferit, cu IRA-ul său ca unic membru. Aveau sens cifrele? Mai întâi am discutat despre regulile privind tranzacțiile interzise care o împiedicau să garanteze personal împrumutul. Normele PT lasă o IRA cu puține opțiuni în afară de un împrumut de investiții fără recurs, care costă cu câteva puncte procentuale mai mult decât împrumuturile personale tradiționale. Normele UDFI permit IRA-ului anumite deduceri din venitul impozabil. În continuare, analizăm câteva cifre. Cifrele utilizate aici sunt pentru simplificare. O proprietate de 250.000 de dolari a produs un venit brut de 25.000 de dolari pe an, fără impozit pe venit datorie, fără serviciul datoriei și cheltuieli nedeductibile pentru impozite și întreținerea proprietății. Dacă investiția ar fi avut o medie de 20.000 de dolari pe an, ea ar fi obținut un randament anual de 8 %. O a doua proprietate i-ar dubla venitul IRA, dar i-ar adăuga o plată lunară de 750 de dolari pentru fiecare împrumut fără recurs de 125.000 de dolari pentru treizeci de ani. Formula UDFI analizează soldul împrumutului în curs de rambursare în raport cu valoarea justă de piață (FMV) a proprietății.

În primul an, raportul dumneavoastră este de 50%. IRA dvs. datorează impozite pentru 25.000 de dolari și poate deduce același procent din anumite cheltuieli legate de investiție. Dacă din calculele dumneavoastră rezultă o rată de impozitare de 30% pentru 20.000 de dolari, IRA dvs. va datora 6.000 de dolari în impozite.

Anul 1:

Venit brut - 50.000 USD

Impozite și întreținerea proprietății - 10.000 de dolari

Serviciul datoriei - 18.000 USD

Impozitul pe venit - 6.000 USD

Venit net - 16.000 USD

Randamentul anual scade la 6,4%! Cine ar face așa ceva? Oamenii care gândesc pe termen lung! Să facem o proiecție până în anul 30, folosind cifrele medii ale inflației.

Anul 30 (pentru o proprietate):

Venit brut - 60.000 USD

Impozite și întreținerea proprietății - 12.000 USD

Serviciul datoriei - 0 USD

Impozit pe venit - 0 USD

Venit net - 48.000 USD

Valoarea proprietății - 500.000 USD

Valoarea în numerar - 900.000 USD

Anul 30 (pentru două proprietăți)

Venit brut - 120.000 USD

Impozite pe proprietate și întreținere - 24.000 USD

Serviciul datoriei - 0 USD

Impozit pe venit - 0 USD

Venit net - 96.000 USD

Valoarea proprietății - 1.000.000 USD

Valoarea în numerar - 2.000.000 USD

Nu încerc să conving pe nimeni că utilizarea efectului de levier pentru a cumpăra mai multe proprietăți merită întotdeauna riscul pe termen lung. Faceți propriile calcule împreună cu un profesionist în domeniul fiscal în care aveți încredere. Vă sugerez să începeți cu propriul contabil.

UDFI se aplică, de asemenea, câștigurilor de capital în cazul în care proprietatea este vândută pe durata împrumutului sau în termen de douăsprezece luni de la achitarea datoriei. Dacă dețineți sau moșteniți o SDIRA care a folosit finanțarea pentru a cumpăra sau îmbunătăți o proprietate, depuneți declarația de impozit pe venit corespunzătoare și plătiți impozitele datorate. Dacă moșteniți o IRA, mai ales dacă nu știați despre împrumut(e), iar simplul gând de a depune o declarație de impozit pentru IRA vă lasă mai frustrat decât un fan al echipei Vancouver Canucks după meciul șapte din playoff-ul Cupei Stanley din 1994, gândiți-vă că este posibil ca legatarul dumneavoastră să fi analizat niște cifre și să fi luat o decizie care părea o idee bună la momentul respectiv.

Identificarea problemelor legate de valoarea justă de piață: Oamenii apelează la biroul meu mai des din cauza problemelor legate de valoarea justă de piață decât din cauza preocupărilor legate de PT. Scopul meu aici este de a evidenția problema, astfel încât să puteți rezolva problemele legate de FMV sau să știți suficient de multe pentru a vorbi cu un expert în cazul în care descoperiți o problemă legată de FMV. Tranzacțiile în care contul calificat primește mai puțin decât valoarea justă de piață (FMV) pot descalifica contul. Planurile IRA și 401(k) care investesc în titluri de valoare tranzacționate public la valoarea de piață nu creează această problemă, deoarece prețul de pe piața secundară reprezintă FMV. Cei mai mulți oameni creează conturi calificate autoadministrate pentru că nu doresc să investească în valori mobiliare tranzacționate la bursă. FMV este deosebit de importantă pentru tranzacțiile ROBS și pentru distribuțiile fără numerar din SDIRA și SoloK. Orice tranzacție în care contul sau planul calificat primește mai puțin decât FMV ridică probleme de distribuție fiduciară sau impozabilă. IRS Pub. 561 definește FMV ca fiind "prețul la care proprietatea ar fi vândută pe piața liberă. Este prețul care ar fi convenit între un cumpărător și un vânzător de bunăvoie, fără nicio obligație de a acționa și amândoi având o cunoaștere rezonabilă a faptelor relevante".

În 1988, Departamentul Muncii (DOL) a propus o definiție a FMV ca fiind "prețul la care un activ ar schimba mâinile între un cumpărător și un vânzător de bunăvoie, în cazul în care primul nu are obligația de a cumpăra, iar cel de-al doilea nu are obligația de a vinde, iar ambele părți sunt capabile și dispuse să acționeze și ambele sunt bine informate cu privire la activ și la piața pentru acel activ." Deși regulamentul propus este citat în mai multe cauze judiciare, acesta nu a fost codificat în CFR.

Scenarii privind FMV: Alfred a cumpărat o proprietate de investiții pentru 250 000 de dolari cu ajutorul SDIRA. IRA-ul său a închiriat proprietatea unor persoane necalificate, a încasat chiria, a plătit facturile și a întreținut proprietatea. Când Alfred s-a pensionat, a decis să locuiască în proprietate. La sfatul custodelui său, a planificat să își distribuie proprietatea ca distribuție impozabilă. În trecut, atunci când custodele său a cerut valoarea proprietății, Alfred a furnizat o declarație privind valoarea impozabilă (TAV). Custodele nu a acceptat TAV în scopul distribuirii și i-a cerut să obțină o evaluare. O analiză comparativă a pieței obținută pe internet a indicat un preț de puțin peste 500 000 de dolari. Alfred nu a vrut să plătească impozit pe 500.000 de dolari. El a cerut unui prieten evaluator să pregătească o evaluare care să documenteze cea mai mică valoare posibilă în conformitate cu normele. Evaluarea trimisă a indicat valoarea FMV la aproximativ 400.000 de dolari, care era practic egală cu TAV, ceea ce i-a permis lui Alfred să economisească peste 30.000 de dolari din impozitul pe venit în comparație cu analiza de pe internet.

Beverly și-a folosit SoloK pentru a cumpăra o participație în compania de dezvoltare imobiliară LLC a unui prieten. Ea a raportat prețul acțiunilor în fiecare an managerului său. Prietenul ei i-a spus că SRL-ul urma să fie vândut unui dezvoltator cu resurse mari. Investitorii urmau să obțină un randament semnificativ al investiției lor. Ea l-a rugat să documenteze valoarea actuală a participațiilor sale în SRL. El i-a furnizat documentația. Apoi a vândut SRL-ul. Beverly a cerut două cecuri: unul în contul lui SoloK pentru prețul documentat și celălalt în contul ei. Beverly a dorit să declare soldul ca fiind un câștig de capital personal. Societatea de escrow a insistat să emită un singur cec pentru SoloK în calitate de membru al LLC. Beverly a depus cecul în contul său bancar SoloK și s-a gândit ce să facă în continuare.

Charlie deținea o companie finanțată cu activele planului său 401(k). Planul deținea 95% din companie, iar el deținea 5%. Charlie, singurul angajat, director și administrator, a murit. Soția sa, Doris, care nu era implicată în afacerea lui Charlie, a considerat că societatea nu mai avea nicio valoare fără Charlie. Edmond, cel mai bun prieten al lui Charlie, a negociat cu Doris un preț corect pentru companie. Doris a plătit facturile companiei și a păstrat restul de 200.000 de dolari ca moștenire. Edmond a continuat să mențină contactele și contractele, transformând moartea și reputația lui Charlie într-o afacere profitabilă. Când administratorul planului a cerut valoarea finală a acțiunilor companiei, Doris a răspuns că societatea nu mai exista. Ultimul formular 5500 a indicat prețul de închidere al acțiunilor ca fiind de 0 dolari.

Resursele pentru valoarea de piață corectă: Cea mai valoroasă resursă pentru valoarea de piață corectă este un contabil, un avocat specializat în fiscalitate sau un agent înregistrat, la care se adaugă un evaluator de investiții sau un evaluator din industrie, după caz. Unele evaluări sunt atât de simple încât cheltuirea de bani pentru a determina FMV pare nejustificată. Dacă acționați cu bună credință, vă disociați de rezultat ca parte independentă, vă documentați abordarea și respectați principiile de bază ale evaluării, nu vor exista probleme. Decizia 59-60 a Fiscului se referă la metodele și factorii de evaluare a capitalului social al societăților cu acționariat restrâns în scopuri de impozit pe succesiuni și donații. Avizele instanțelor fiscale și documentele IRS fac referire la această hotărâre ca punct de plecare pentru evaluarea acțiunilor deținute îndeaproape în diverse scenarii, nu doar din considerente legate de impozitul pe succesiuni și donații. Factorii discutați includ:

Natura afacerii și istoricul societății de la înființare;

perspectivele economice în general și perspectivele sectorului specific în special;

valoarea contabilă a acțiunilor și situația financiară a societății;

puterea de câștig a societății;

capacitatea de a plăti dividende;

dacă societatea are fond comercial sau alte active necorporale;

Prețurile anterioare de vânzare a acțiunilor și mărimea blocului de acțiuni din vânzarea actuală;

Prețul de piață pentru societățile dintr-un domeniu de activitate similar;

Publicația IRS Publication 561 ajută donatorii și evaluatorii să determine valoarea proprietății pentru donații către organizații eligibile și explică informațiile justificative necesare pentru a solicita o deducere. Această publicație acoperă metodele de evaluare pentru o gamă largă de active, inclusiv stocuri, brevete, acțiuni, proprietăți imobiliare și interese de afaceri. În timp ce principiile privind activele se pot aplica conturilor calificate, sancțiunile discutate se aplică în mod specific donațiilor. Factorii de evaluare discutați includ costul sau prețul de vânzare al activului, vânzările de active comparabile, costul de înlocuire și evaluările.

Secțiunea 4.72.8 din Internal Revenue Manual (IRM) descrie evaluarea activelor în cadrul planurilor de contribuții definite (DCP). DCP includ SoloK și 401(k). Aceasta este o resursă excelentă pentru a înțelege modul în care IRS examinează valorile activelor. De asemenea, manualul face legătura între FMV și alte aspecte legate de fondurile calificate:

Tranzacții interzise - IRC 4975;

încălcări ale beneficiilor exclusive - IRC 401(a);

încălcări ale limitării contribuțiilor - IRC 415(c);

deduceri excesive - IRC 404;

încălcări ale cerințelor minime de finanțare - IRC 412;

încălcări ale discriminării - IRC 401(a)(4).

Secțiunea 4.48.6 din IRM oferă orientări pentru evaluarea bunurilor imobiliare. Citiți acest ghid dacă evaluați o proprietate pentru contul dumneavoastră autoadministrat sau dacă doriți să înțelegeți cum să evaluați o proprietate. Printre factorii discutați se numără data intrării în vigoare a evaluării, scopul evaluării, utilizarea evaluării, standardele aplicate, ipotezele făcute, limitările, restricțiile privind domeniul de aplicare, sursele de informații și problemele de audit.

Întrebare de test: Jeremy, un consultant în management de succes, a deschis un SoloK la începutul carierei sale și l-a finanțat până la maximul permis în fiecare an. A gestionat singur investițiile, începând cu un portofoliu diversificat de acțiuni. Ulterior, și-a vândut portofoliul de acțiuni pentru a cumpăra proprietăți comerciale prin intermediul unei SRL. SoloK LLC avea nevoie de un împrumut, care a fost semnat de logodnica sa, Angela, pentru a economisi câteva puncte procentuale de dobândă față de un împrumut fără recurs. Jeremy a crezut că ea putea să rămână în continuare la împrumut după ce se căsătoreau, deoarece nu era o persoană descalificată atunci când a semnat garanția. De asemenea, el credea că SoloK-ul său nu ar trebui să plătească UDFI sau UBTI pentru această investiție, ceea ce ar oferi planului său de pensionare un randament mai bun și mai puțin volatil decât cel pe care l-ar putea obține pe piața bursieră. În timpul unei călătorii de afaceri în afara orașului, Jeremy a petrecut o seară intimă cu un consultant pe care îl cunoștea de ani de zile. El a considerat-o ca pe o ultimă aventură nevinovată înainte de o căsătorie serioasă. Angela a aflat despre întâlnirea lor și nu a fost de acord cu evaluarea sa, numindu-l pe Jeremy și comportamentul său cuvinte care nu se aud de obicei în companie politicoasă. Ea a anulat nunta, a păstrat inelul de logodnă incredibil de scump, a vrut ca numele ei să fie șters de pe împrumut și a cerut o plată în numerar echivalentă cu banii pe care el îi economisise din dobânda la garanția ei. Jeremy a obținut un împrumut fără recurs pentru a achita împrumutul garantat de Angela. Creditorul i-a furnizat rata istorică fără recurs pentru data împrumutului inițial și l-a ajutat să calculeze valoarea dobânzii pe care ar fi plătit-o dacă ar fi început cu un împrumut fără recurs. Jeremy a plătit-o apoi pe Angela cu activele SoloK. Și-a depus la timp formularul 5500-SF și a inclus plata către Angela la rubrica "alte plăți".

Calculatorul IRS a marcat formularul 5500-SF pentru examinare. Un agent i-a trimis lui Jeremy o scrisoare în care îi cerea mai multe informații despre numărul mare de elemente enumerate ca "alte cheltuieli". Răspunsul lui Jeremy a descris istoricul (fără a menționa ce a declanșat debitarea), a argumentat că planul nu era mai rău decât dacă ar fi obținut un împrumut fără recurs de la bun început și a concluzionat că plata ar trebui să fie considerată dobândă, așa cum ar fi fost dacă ar fi obținut un împrumut fără recurs. Care este răspunsul cel mai probabil al IRS?

1. Fiscul va fi de acord cu evaluarea dumneavoastră. Nu există nicio tranzacție interzisă, nu se datorează niciun impozit, soldul de la sfârșitul anului este suma corectă.

2. Fiscul va trata plata către Angela ca pe o distribuire impozabilă către Jeremy, dar nu ca pe o tranzacție interzisă.

3. Fiscul tratează plata către Angela ca pe o tranzacție interzisă.

4. Agenții pasează răspunsul scris al lui Jeremy prin birou pentru a avea motiv de râs, dar, în rest, trimit o scrisoare de acord.

Cred că răspunsul cel mai probabil este #2. Cred, de asemenea, că IRS distribuie scrisorile contribuabililor prin birou pentru a se distra, așa cum unii oameni distribuie o bandă desenată a zilei. Care este răsplata pentru Angela? Dobânda? Nu, nici măcar în mod discutabil. Valoarea plății este ceea ce planul ar fi plătit ca dobândă dacă ar fi obținut un împrumut fără recurs, dar asta nu face ca acea plată să fie "dobândă". Atunci ce este? O plată pentru un acord între Angela și Jeremy! Este o datorie personală datorată de Jeremy, o încălcare a IRC § 4975(c)(1)(d) "pentru utilizarea de către sau în beneficiul unei persoane descalificate a veniturilor sau a proprietății planului". Fiscul va trata plata către

Angela ca pe o distribuție impozabilă către Jeremy retroactiv la 1 ianuarie a anului în care a făcut plata. Jeremy va trebui să plătească o penalizare pentru distribuire anticipată dacă nu a împlinit încă vârsta de 59½ ani. În cazul în care în declarația inițială depusă pentru anul respectiv nu a plătit impozite recalculate în valoare de 5 000 de dolari sau 10%, oricare dintre acestea este mai mare, Jeremy ar putea fi supus unei penalități suplimentare de 20% legate de acuratețe.

Ar putea IRS să găsească, de asemenea, o tranzacție interzisă? Da, ceea ce ar duce la o penalitate pentru tranzacție interzisă de 15% până la 20% și ar putea descalifica planul. IRS nu aplică întotdeauna regulile privind tranzacțiile interzise atunci când poate. După părerea mea, se pare că rezervă această determinare pentru persoanele necooperante, cele care intenționează să încalce regulile și este probabil să o facă din nou dacă rămâne contul calificat. Un caz costisitor, dar nu sunt toate?

Capitolul 6: Moștenirea unui Self-Directed IRA - Trei concepte SDIRA

În această secțiune, vom discuta trei concepte numite IRA-uri autoadministrate (SDIRA):

1. Custozi care permit unei IRA să investească în orice investiție permisă pentru IRA, dar nu într-o investiție pe care o controlează AO;

2. IRA este investită ca membru al unui SRL al cărui administrator este AO;

3. 3. IRA este concedentul trustului, cu AO în calitate de administrator.

Conceptele de LLC și de trust nu adaugă nicio opțiune de investiții care nu este disponibilă pentru AO din primul tip. Ele adaugă posibilitatea ca AO să semneze pentru un cont care conține fondurile IRA. De asemenea, ele sporesc responsabilitatea de a ști cum să evite tranzacțiile interzise, să declare venitul impozabil pentru o IRA, să evalueze corect activele și să păstreze suficiente evidențe financiare pentru a rezista controlului IRS.

Cei mai mulți custozi permit doar opțiunea 1. Unii promotori SDIRA le spun oamenilor că motivul pentru care custozii nu permit oamenilor să semneze pentru propriile fonduri de pensii este că fac mai mulți bani din comisioanele de tranzacție. Deși acest lucru este adevărat, diferența de venit pentru custode este neglijabilă. La rândul lor, promotorii fac mai mulți bani din vânzarea conceptelor SDIRA decât ar cheltui consumatorii pe comisioanele de custodie. Nu cumpărați un trust IRA sau un SRL IRA pentru a economisi bani.

Înființarea unui IRA LLC sau a unui IRA trust urmează același proces:

1. 1. Completați actele pentru cont la un custode care permite investiții într-o entitate administrată de AO;

2. 3. Completați un formular de cerere de transfer pentru semnătura clientului, prin care să instruiți depozitarul existent să transfere fondurile eligibile în acest nou cont;

3. Înființați LLC sau trustul, menționând clientul ca manager/fiduciar;

4. 4. Instruiți clientul să deschidă un cont bancar pe numele entității;

5. 5. să completeze un formular de direcționare a investiției pentru a fi semnat de client, autorizând depozitarul să investească fondurile eligibile în LLC.

Asta este, clientul controlează acum fondurile calificate!

Desfacerea unei SDIRA implică pași ușor diferiți pentru fiecare concept. Etapele pot fi, de asemenea, ușor diferite între o IRA impozabilă sau tradițională și o IRA Roth. Vom începe cu diferențele dintre moștenirea unui cont impozabil și a unui cont neimpozabil, iar apoi vom trece la procedurile de alegere a beneficiarului pentru a moșteni contul.

Nu există nicio întrebare test pentru acest scurt capitol. Întrebarea din capitolul următor este de două ori mai grea! Sau este de două ori mai grea? Dar nu vă faceți griji în legătură cu asta acum!

Capitolul 7: Moștenirea dintr-o IRA impozabilă

Acest capitol se referă la implicațiile fiscale ale moștenirii unei IRA impozabile. Înțelegerea opțiunilor disponibile pentru diferite categorii de beneficiari îi ajută pe proprietarii de SDQA să completeze BDF pentru a sprijini planul lor general de succesiune. În calitate de beneficiar, înțelegerea acestor reguli este esențială pentru a evita evenimentele impozabile nedorite. În acest fel, nu veți avea nevoie de un glob de cristal sau de citirea tarotului pentru a spera la ce e mai bun. AO poate numi o persoană fizică, o entitate juridică - de obicei o organizație de caritate - sau averea dvs. ca beneficiar al IRA. Moștenirea IRA este transferată în afara procesului de succesiune, cu excepția cazului în care succesiunea este beneficiarul implicit sau prin testament. Beneficiarii trebuie să includă orice distribuție impozabilă pe care o primesc în venitul lor brut pentru anul fiscal în care o primesc. Beneficiarii au opțiuni de distribuire în funcție de relația lor cu AO (soț/soție, nonsoț/ne-soție și persoană fizică) și dacă AO a decedat înainte sau după ce a atins data de începere obligatorie (RBD).

Moştenit de soţ/soţie: Depozitarul sau consilierul de cont trebuie să prezinte beneficiarului soţului supravieţuitor următoarele trei opţiuni:

1. să trateze contul ca pe propria IRA, desemnându-se pe sine ca AO. Această opţiune poate fi disponibilă numai dacă soţul/soţia este singurul beneficiar.

2. Trataţi contul ca fiind al dumneavoastră, transferându-l într-o IRA tradiţională sau într-un plan calificat.

3. Trataţi-vă ca beneficiar în loc să trataţi IRA ca fiind al dumneavoastră.

Dacă un soţ supravieţuitor primeşte o distribuţie din IRA a soţului decedat, aceasta poate fi transferată într-o IRA în termen de şaizeci de zile calendaristice pentru a evita un eveniment impozabil (dacă distribuţia nu este o distribuţie obligatorie), chiar dacă soţul supravieţuitor nu este singurul beneficiar.

Moştenită de o persoană fizică de la o altă persoană decât soţul/soţia sa: Dacă IRA tradiţională moştenită este de la o altă persoană decât soţul/soţia decedată, beneficiarul nu o poate trata ca fiind a sa. Acest lucru înseamnă că beneficiarul nu poate face contribuţii la IRA. Beneficiarul poate face un transfer de la administrator la administrator dacă IRA în care sunt transferate sumele este înfiinţată şi menţinută pe numele proprietarului IRA decedat. În general, beneficiarul nu ar trebui să plătească impozite pe activele IRA până când nu primeşte o distribuţie. Distribuirile către o persoană care nu este soţ/soţie dintr-o IRA moştenită depind, de asemenea, de faptul că persoana decedată a murit înainte sau după ce a atins RBD:

- Dacă este după, se folosește vârsta beneficiarului sau vârsta proprietarului, oricare dintre acestea este mai mică. În cazul mai multor beneficiari pentru același cont, se utilizează vârsta celui mai în vârstă beneficiar. Nu uitați că un beneficiar poate transfera fondurile într-un cont în care figurează ca unic beneficiar.

- Dacă este mai devreme, retrageți întregul sold până în al cincilea an de la deces sau distribuiți folosind vârsta beneficiarului (cel mai în vârstă) la sfârșitul anului următor.

Moștenit de o persoană care nu este moștenitor: Dacă proprietarul IRA decedează după RBD, persoana care nu este moștenitor poate continua RMD-urile folosind vârsta proprietarului sau poate face o distribuire în sumă forfetară. Dacă este mai devreme, poate face o distribuție în sumă forfetară sau poate retrage întregul sold până în al cincilea an de la deces. Principalele motive pentru care cineva ar putea dori să numească un nerezident ca beneficiar sunt următoarele

- Caritate: Washington, actualul meu stat de reședință, percepe în prezent un impozit pe moștenire care începe la 10% pentru succesiuni de peste 2 milioane de dolari. Impozitul federal pe succesiune în SUA începe la 18% pentru succesiunile care depășesc pragul de 11 milioane de dolari. O persoană cu o moștenire impozabilă m-a contactat pentru a-mi cere idei de planificare succesorală. Am discutat despre planificarea caritabilă. Avocatul său anterior redactase un testament care includea o mică donație caritabilă din averea sa. L-am întrebat despre

IRA-uri. A menţionat mai multe, toate având ca beneficiari membri ai familiei. Se gândea să mărească donaţia caritabilă din testament până la punctul în care averea sa nu ar mai trebui să plătească impozit pe succesiune în statul Washington. I-am spus că, lăsând un cont calificat unei organizaţii de caritate, aceasta nu ar plăti niciun impozit pe distribuţie, succesiunea ar primi în continuare o deducere pentru contribuţie, iar moştenitorii săi nu ar trebui să plătească impozit federal pe venit pentru IRA. Schimbând beneficiarul IRA în organizaţie de caritate şi lăsând activele moştenitorilor, economisim peste 100.000 de dolari din impozitul pe venit în viitor, crescând rata de impozitare cu venitul suplimentar şi necesitatea de a urmări distribuţiile în fiecare an.

- Încredere: Faptul de a face un trust beneficiarul IRA forţează distribuirile către o persoană care nu este persoană, eliminând necesitatea ca beneficiarul să aleagă RMD-urile în funcţie de vârsta beneficiarului. Clienţii ar putea dori să lase fondurile IRA într-un trust din tot atâtea motive câte motive ar avea oricine să lase fondurile non-IRA într-un trust, mai degrabă decât să le lase în grija propriilor persoane. În cazul în care trustul se califică drept un trust de tip "look-through" sau "see-through", RMD-urile pot fi bazate pe vârsta celui mai în vârstă beneficiar. Pentru a se califica, următoarele trebuie să fie adevărate în cazul trustului:

(a) Trustul este un trust valabil în conformitate cu legislaţia statului.

b) Trustul este irevocabil sau devine irevocabil la decesul proprietarului.

c) Documentul de fiducie identifică beneficiarii.

d) Administratorul fiduciar furnizează documentația către depozitarul IRA și IRS.

Moștenirea: Uneori, moștenirea este beneficiarul implicit atunci când un BDF este incomplet sau lipsește. Acesta este, de obicei, un dezastru fiscal, deoarece majoritatea executorilor judecătorești se simt obligați să accepte un eveniment impozabil imediat, la cote de impozitare nepersonale. Nu uitați că succesiunea trebuie să plătească impozit pe venit pentru distribuții, chiar dacă succesiunea nu este impozabilă în conformitate cu normele privind impozitul pe succesiune. În cazul în care proprietarul moare după RBD, succesiunea poate continua să utilizeze programul RMD al proprietarului. Moștenirea poate apoi să creeze rulaje IRA pentru fiecare beneficiar. Un posibil dezavantaj este faptul că fondurile IRA pot fi ușor accesibile creditorilor succesiunii.

Unele site-uri web susțin că lăsarea unei IRA în moștenire nu creează un eveniment impozabil dacă întreaga moștenire este lăsată unei organizații de caritate. Sunt de acord, presupunând că executorul judecătoresc știe să aleagă o opțiune de distribuire pentru succesiune, mai degrabă decât o lichidare imediată, și apoi stabilește transferurile către diverse organizații caritabile. Cred că aceasta este o povară inutilă pentru executorul judecătoresc, care poate fi evitată cu ușurință prin înscrierea organizațiilor de caritate ca beneficiari în BDF.

Am văzut două cazuri în care ar putea avea sens să se lase un IRA în patrimoniul succesoral:

1. Karl deține o reședință personală și un IRA ca singure active semnificative. Karl dorește ca succesiunea să achite ipoteca și să transmită casa fără sarcini unui membru al familiei. Karl ar putea pur și simplu să ia distribuții suplimentare și să achite ipoteca mai devreme, deși acest lucru ar putea crea alte probleme dacă se bazează pe un program de drepturi bazat pe venit pentru a se întreține. O ipotecă nu este un beneficiar potrivit al unei IRA. Karl ar putea lăsa IRA aceleiași persoane ca și casa, deși acesta este un rezultat diferit față de lăsarea casei persoanei respective fără sarcini. Lăsarea IRA în patrimoniul succesoral împreună cu un testament care să direcționeze activele succesiunii pentru a achita ipoteca înainte de transfer atinge acest obiectiv.

2. Nancy dorea să facă donații în sume mici către o varietate de persoane și non-persoane, IRA-ul ei fiind singurul activ suficient de mare pentru a-și atinge obiectivele. Depozitarul nu a acceptat proiectul ei complicat de distribuire în locul BDF-ului ei, cu liniile sale concise de beneficiari primari și contingenți. Ea a redactat un testament în care a enumerat moștenirile ca procente din averea sa și a numit averea sa ca beneficiar al IRA. Acest lucru este rar, dar poate avea sens pentru unele persoane.

În plus față de decizia privind distribuirea, luați în considerare următoarele întrebări:

(a) Aveți nevoie de bani acum? Dacă da, luați în considerare o distribuire parțială. Dacă persoana decedată era obligată să primească un RMD în acest an și nu a făcut-o, beneficiarii sunt responsabili pentru primirea RMD. Dacă acest lucru nu este suficient sau dacă nu a fost primit niciun RMD, beneficiarul poate face o distribuire impozabilă din IRA moștenită și poate evita penalizarea de 10% pentru distribuire anticipată (EDP), chiar dacă nu a împlinit vârsta de 59 1/2 ani. În cazul în care soțul/soția alege să o "trateze ca fiind a sa", se aplică o PMD dacă soțul/soția are sub 59½ ani.

b) Ce investiții doriți să aveți în contul dumneavoastră? Adesea, soțul supraviețuitor nu se simte la fel de confortabil cu investițiile specializate în propriul cont sau nu dorește complexitatea unui SDQA. În cazul în care soțul supraviețuitor dorește doar investiții tipice, vom discuta despre selectarea unui furnizor de conturi calificate tipice, cum ar fi o bancă, o societate de investiții sau o firmă de consultanță financiară. Dacă soțul supraviețuitor dorește să păstreze aceleași investiții, atunci rămâneți cu depozitarul existent.

Completarea BDF acum pentru a planifica un eveniment care s-ar putea să nu aibă loc decât peste zeci de ani pare un pic ca și cum ați încerca să preziceți viitorul. Vestea bună este că vă puteți modifica BDF în timpul vieții, pe măsură ce viața se schimbă.

Soțul/soția (dacă este în distribuție):

Tratați-l ca pe propriul IRA;

Speranța de viață unică bazată pe vârsta soțului decedat (a se vedea notele 1 și 2);

Speranța de viață unică bazată pe vârsta supraviețuitorului (a se vedea nota 3).

Soț/soție (dacă nu este în distribuție):

Se tratează ca propria IRA;

Speranța de viață unică bazată pe vârsta soțului decedat (a se vedea notele 1 și 2);

Speranța de viață unică bazată pe vârsta supraviețuitorului (a se vedea nota 3);

Plata pe 5 ani.

Persoană care nu este soț/soție (dacă este în distribuție):

Speranță de viață unică bazată pe vârsta defunctului (a se vedea notele 1 și 2);

Speranță de viață unică bazată pe vârsta beneficiarului (a se vedea nota 4).

Non-soț (dacă nu este în distribuție):

Speranța de viață unică bazată pe vârsta defunctului (a se vedea notele 1 și 2);

Speranța de viață unică bazată pe vârsta beneficiarului (a se vedea nota 4);

Plata pe 5 ani.

Non-persoană (dacă este în distribuție):

Speranță de viață unică în funcție de vârsta persoanei decedate (a se vedea nota 2).

Persoană (dacă nu este în distribuție):

Plata pe 5 ani.

Observații:

1. Dacă persoana decedată era în distribuție la momentul decesului și era mai tânără decât beneficiarul, această opțiune este necesară dacă se selectează opțiunea de plată cu speranță de viață unică.

2. Începută până la data de 31 decembrie a anului următor decesului concedentului.

3. Începută până la data de 31 decembrie a anului care urmează decesului concedentului sau până la anul în care concedentul ar fi împlinit 70½ ani, oricare dintre acestea este mai târziu.

4. Se presupune că se aplică contabilitatea separată; în caz contrar, se utilizează vârsta celui mai în vârstă beneficiar.

Întrebare test: J.P., un om de afaceri de succes cu o SDIRA mare, a decedat. În BDF, soția sa, Rose, figurează ca beneficiar. IRA deținea un SRL care deținea mai multe clădiri comerciale. Rose nu avea o IRA proprie. Ea dorea să moștenească IRA într-un mod care să îi permită să păstreze proprietatea într-un statut de impozit amânat. În acordul de funcționare al LLC, ea era menționată ca administrator. În testamentul său, ea a fost numită executorul testamentar al averii sale. Ce ar trebui să facă Rose?

1. 1. Să-și folosească puterile de executor testamentar pentru a transfera participația la LLC către ea însăși și apoi către o nouă IRA, în conformitate cu regulile de transfer în 60 de zile.

2. 2. Consultați capitolul următor despre ce trebuie să faceți dacă moșteniți o IRA-LLC. 3. Comunicați decizia dumneavoastră custodelui.

3. Folosiți-vă puterile de administrator al LLC pentru a transfera proprietatea către dumneavoastră și apoi către noua IRA în conformitate cu regulile de rostogolire în șaizeci de zile.

4. Moșteniți clădirile comerciale prin intermediul succesiunii sale pentru a obține o creștere a bazei de calcul.

Răspuns: Numerele 1, 3 și 4 nu au ca rezultat deținerea proprietății într-un statut cu impozit amânat. 1 și 3 sunt tranzacții interzise care descalifică IRA. 4 necesită mai întâi o distribuire impozabilă către succesiune. Cred că 2 este cel mai bun răspuns. Contactați depozitarul dumneavoastră înainte de a face orice modificare. Faceți-o bine de prima dată, deoarece rareori există o a doua șansă după ce a avut loc o tranzacție interzisă.

Capitolul 8: Moștenirea unui Roth IRA

Roth IRA a fost creat prin Legea privind scutirea contribuabililor din 1997 și a fost denumit după numele principalului său sponsor legislativ, senatorul William Roth din Delaware. La fel ca toate IRA-urile, un Roth IRA necesită venituri din salarii. Contribuțiile Roth diferă de alte IRA-uri în două moduri: contribuția se face după impozitare, în loc să fie deductibilă din impozit, iar persoanele cu venituri peste anumite niveluri nu sunt eligibile pentru a contribui la o IRA Roth. Câștigurile realizate într-o Roth IRA nu sunt impozitate în anul în care sunt obținute. O deducere pentru pierderile realizate poate fi disponibilă după ce Roth este epuizat și pierderile încă depășesc câștigurile. Unii oameni, inclusiv autorul dumneavoastră, consideră că Roth IRA este cea mai bună modalitate de a face să crească banii pentru persoanele care se califică.

O distribuire dintr-o Roth IRA este scutită de impozit dacă îndeplinește două criterii: este efectuată după perioada de cinci ani care începe cu primul an impozabil pentru care a fost făcută o contribuție la o Roth IRA înființată în beneficiul dumneavoastră, iar plata sau distribuirea este...

a) Se face la sau după data la care împliniți vârsta de 59½ ani;

b) Făcută pentru că sunteți invalid;

c) Se face către un beneficiar sau către succesiunea dumneavoastră după decesul dumneavoastră;

d) Îndeplinește cerințele de scutire pentru cumpărătorii de locuințe pentru prima dată.

Proprietarul unui Roth IRA nu este supus RMD-urilor. Atunci când proprietarul unui Roth IRA moare, regulile de distribuire minimă obligatorie care se aplică la IRA-urile tradiționale dacă proprietarul IRA moare înainte de RBD se aplică contului Roth. Soțul supraviețuitor poate amâna distribuțiile până când persoana decedată a împlinit vârsta de 70½ ani sau poate trata Roth IRA ca fiind al său.

În general, Roth IRA trebuie distribuit până la sfârșitul celui de-al cincilea an calendaristic de la decesul proprietarului, cu excepția cazului în care contul este plătibil pe durata vieții unui beneficiar desemnat. În cazul în care distribuțiile dintr-un Roth IRA moștenit sunt mai mici decât distribuția minimă obligatorie pentru anul respectiv, se va aplica o acciză de 50% pe suma nedistribuită, așa cum se cere.

Un beneficiar poate combina un Roth IRA moștenit cu un alt Roth IRA deținut de beneficiar numai dacă beneficiarul a moștenit celălalt Roth IRA de la aceeași persoană decedată sau dacă este soțul/soția persoanei decedate și unicul beneficiar al Roth IRA și alege să îl trateze ca pe propriul Roth IRA. În cazul în care o distribuție către un beneficiar nu este o distribuție calificată, aceasta este în general inclusă în venitul brut al beneficiarului în același mod în care ar fi fost inclusă în venitul proprietarului dacă ar fi fost distribuită în timpul vieții acestuia.

Dacă distribuțiile nu sunt impozabile, de ce sunt atât de stricte regulile de primire a acestora? Deoarece distribuțiile transformă creșterea neimpozabilă în creștere impozabilă. Creșterea neimpozabilă trebuie să se încheie la un moment dat. Nu ar ajuta la rezolvarea problemelor noastre bugetare federale dacă regulile ar permite oamenilor să evite permanent impozitul pe câștigurile de capital chiar și pentru contribuții mici.

Este permisă lăsarea unei IRA Roth în scopuri caritabile, dar nu are la fel de mult sens din punct de vedere fiscal ca o IRA tradițională, deoarece distribuția nu evită un eveniment de venit impozabil. Pentru clienții cu preocupări filantropice care au un IRA tradițional și un Roth IRA, recomand să înscrie organizația caritabilă ca beneficiar pe BDF al IRA tradițional.

Întrebare test: Senatorul Tawdry decide că vrea să facă o fotografie ca prima persoană care deschide un Roth IRA după ce legislația devine lege. Echipa sa de PR creează un videoclip în care intră în biroul unei firme de brokeraj (un donator) și discută despre creșterea fără taxe care este acum posibilă cu această nouă legislație, pe care senatorul susține că a co-sponsorizat-o. Senatorii și reprezentanții semnează uneori (sau adesea) legi pe care nu le-au scris sau citit din diverse motive, inclusiv pentru a putea pretinde alegătorilor lor că le-au "co-sponsorizat". Desigur, dacă legislația devine nepopulară, aceștia se vor distanța de ea, argumentând că semnătura lor a fost doar "de rutină" sau "o curtoazie profesională față de sponsor".

Videoclipul nu conține nicio discuție despre calificările proiectului de lege, cum ar fi limitele de venit brut ajustat modificat (MAGI) pe care senatorul Tawdry le depășește. Documentația proiectului de lege este precompletată pentru a evita pierderea de timp a senatorului și o menționează pe fiica sa ca beneficiar. Senatorul Tawdry semnează formularele cu un fler exagerat pentru cameră și scrie un cec pentru contribuție. Proiectul de lege este uitat la scurt timp după ce anunțul de realegere al lui Tawdry, deghizat într-un moment educativ pentru oameni, este scos din emisie. După ce senatorul moare pe neașteptate la vârsta de 68 de ani, la mai bine de cinci ani după ce a deschis contul, fiica sa este surprinsă să afle că l-a moștenit pe Roth, care nu a fost calificat. Care sunt opțiunile ei?

1. Ea poate distribui contul în cinci ani.

2. 2. Ea poate amâna distribuirea până când senatorul a împlinit 70½ ani.

3. Ea trebuie să declare venitul ca fiind impozabil, deoarece contul nu este calificat.

4. Ea poate să se scutească de cont și să forțeze succesiunea să se ocupe de el.

Răspuns: Cea mai bună opțiune este 3 sau 4. Mulți oameni nu realizează că opțiunea 4 este viabilă. Faptul că un custode acceptă un cont nu face ca acesta să fie calificat. Senatorul Tawdry nu s-a calificat pentru a crea un cont Roth deoarece venitul său a depășit limitele MAGI. Opțiunea 2 este disponibilă doar pentru un soț/soție.

Capitolul 9: Moștenirea unui SDIRA controlat de un custode

Un cont controlat de un custode care permite toate opțiunile de investiții disponibile pentru IRA-uri poate fi numit "autoadministrat" de către departamentul de marketing al custodelui, dar nu permite titularului contului să proceseze direct opțiunile de investiții. AO dirijează investițiile, o afirmație valabilă pentru orice cont IRA. Aceste SDQA sunt mai ușor de dizolvat după decesul AO decât un IRA LLC sau un IRA Trust, deoarece custodele se ocupă de majoritatea detaliilor. AO nu este semnatar al niciunui cont sau activ, astfel încât beneficiarul nu are nevoie de nicio autoritate pentru a executa tranzacții, ci doar pentru a completa și semna formulare. Deseori, reprezentanții serviciului clienți al custozilor nu explică pe deplin opțiunile disponibile pentru beneficiari. Documentația pe care o trimit explică, de obicei, deși este adesea redactată într-un limbaj juridic pe care unele persoane nu îl înțeleg. Echipa nu este autorizată să ofere sfaturi juridice sau de investiții. Aceștia informează beneficiarii despre formularele pe care trebuie să le completeze pentru a-și atinge obiectivele.

AO localizează o proprietate de închiriat de vânzare cu un istoric bun de chiriași și un randament general bun. AO îi dă instrucțiuni custodelui să cumpere proprietatea. Chiriașul plătește chiria direct către IRA, trimițând-o custodelui, care o depune în contul IRA de pe platforma lor. În cazul în care casa are nevoie de reparații, AO poate selecta un antreprenor (îi este interzis să efectueze reparațiile, contra cost sau nu). Custodele plătește antreprenorul din acest cont. Atunci când un AO moare, custodele notifică beneficiarul activelor pe care le deține IRA. Custodele trebuie să știe care este alegerea beneficiarului dintre opțiunile disponibile.

Beneficiarii ar trebui să ia în considerare investițiile pe care le doresc împreună cu opțiunile de distribuire disponibile. Păstrarea acelorași investiții poate necesita menținerea unui cont la depozitarul actual. Cei mai mulți custozi nu transferă active care nu sunt în numerar. În cazul în care un beneficiar dorește un SDQA, dar nu dorește investițiile specifice din IRA moștenită, el sau ea poate cere custodelui să vândă activele și va fi liber să stabilească un SDQA cu orice custode care permite investițiile dorite. În cazul unui SDIRA controlat de un custode, beneficiarii nu trebuie decât să aleagă o opțiune de distribuire, să aleagă un custode (același pe care l-a folosit defunctul sau altul), să își selecteze investițiile și să completeze formularele corespunzătoare.

Întrebare de test: Thomas era un avocat de succes care s-a dedicat agriculturii atunci când soția sa a decedat. Fiind un tată iubitor, el și-a sfătuit cei trei copii să caute compania și sfaturile unor oameni sobri, buni și virtuoși. În BDF-ul său, cei trei copii ai săi figurau ca beneficiari egali. Nu începuseră încă RMD-urile. IRA-ul său conținea monede legale și obligațiuni guvernamentale. Copiii au urmat sfatul tatălui lor și au angajat un profesionist care le-a înțeles perfect situația. Printre opțiunile de distribuire pe care le aveau la dispoziție se numărau

1. puteau trata contul ca fiind al lor, deoarece mama lor decedase înaintea tatălui lor.

2. 2. puteau să aștepte să facă o distribuire până când începeau RMD-urile pentru tatăl lor.

3. 4. Custodele plătește pentru consultanța juridică legată de IRA cu activele IRA.

4. Distribuțiile minime încep la vârsta celui mai mare copil.

Răspuns: Doar unul dintre soți poate trata contul ca proprietar (1) sau poate amâna distribuțiile folosind speranța de viață a persoanei decedate (2). Majoritatea custozilor nu vor permite ca IRA să plătească onorariile legale ale AO (3). După o discuție amănunțită a opțiunilor, decideți să permiteți ca IRA să își continue investițiile actuale cu depozitarul existent. Vă rugăm să rețineți că opțiunile de distribuire reprezintă o discuție separată de opțiunile de investiții. Uneori, opțiunile de distribuire disponibile necesită o schimbare a investițiilor.

Capitolul 10: Moștenirea unui SRL SDIRA

Într-un acord IRA-LLC structurat în mod corespunzător, IRA este membrul LLC, AO este administratorul LLC, iar LLC deține investițiile. AO nu are voie să utilizeze activele LLC pentru a efectua tranzacții cu persoane descalificate. LLC poate cumpăra tot ceea ce IRA poate cumpăra direct, inclusiv bunuri imobiliare, metale prețioase și monede permise, cai de curse, bărci, sarcini și împrumuturi. Depozitarul raportează LLC ca investiție IRA pe formularul 5498 pe care îl depune la IRS în fiecare an; categoria "C" în câmpul 15b. AO nu numai că dirijează investițiile, dar este și responsabil de gestionarea acestora. AO raportează valoarea LLC către custode, care raportează valoarea IRA în caseta 15a. Când un AO decedează și beneficiarul mă contactează, prima întrebare pe care o pun este dacă beneficiarul este, de asemenea, menționat ca manager în acordul de funcționare al LLC. De cele mai multe ori, nu, ceea ce înseamnă pași suplimentari.

O poveste interesantă despre IRA LLC: Randy Bets, un jocheu pensionat, a aflat că a moștenit o IRA de la fostul său șef, Amadeus

Dayjour. Randy l-a îmbogățit pe Amadeus și a considerat că această moștenire a fost ultima mulțumire a șefului său. IRA era o mică parte din averea lui Amadeus, dar pentru Randy reprezentau toți banii din lume. Randy a contactat depozitarul IRA. Randy a descoperit că IRA era deținută de Hi Ho Silver LLC, care îl menționa pe Amadeus ca manager și agent rezident. Ce deținea LLC-ul? Custodele nu știa. Din fericire pentru Randy, dosarul IRA conținea o evaluare anuală semnată de Penny Taxis, un contabil public bine cunoscut care informase depozitarul atunci când Amadeus murise. Cea mai recentă evaluare anuală arăta că acțiunile LLC valorau puțin peste 1 milion de dolari.

"Sfinte...!" a exclamat Randy cu voce tare, la un volum care l-a surprins. Apoi s-a uitat spre cer și și-a cerut rapid scuze, deși mai mult din obișnuință decât din remușcare. A condus până la biroul lui Penny. Penny a raportat că SRL-ul deținea o fermă de cai numită Thunder Range, un cal de curse numit Glue Stick, monede de aur și argint acceptabile pentru IRA și un cont curent. Glue Stick locuia la Thunder Range, bucurându-se de retragerea sa de după curse și de statutul său de cel mai faimos rezident al fermei și de cel mai scump armăsar. Dealerul de monede al lui Amadeus a pus la dispoziție un seif pentru monede. Penny a oferit serviciile continue ale companiei sale, în timp ce îi înmâna lui Randy o foaie de hârtie cu adresele scrise de mână ale fermei și ale dealerului de monede.

Randy a vizitat dealerul de monede. Nu, aceștia nu au confirmat și nici nu au negat dacă o persoană fizică sau un SRL deținea un cont la ei. Randy a sunat la depozitar. Da, acesta ar avea drept de semnătură dacă ar deveni administratorul SRL-ului. Nu, nu ar fi rescris acordul de funcționare al LLC. A sunat-o pe Penny, care i-a recomandat un avocat care să îl ajute cu acordul de funcționare. Avocatul l-a asigurat pe Randy că poate redacta un acord de funcționare a LLC acceptabil pentru custode, care îl va numi pe Randy în calitate de manager. Acesta a întrebat dacă Amadeus a atins RBD-ul pentru distribuții. Randy nu știa. Un alt apel la Custode, care a confirmat că Amadeus începuse deja să facă RMD-uri. Avocatul i-a explicat apoi cele două opțiuni de distribuire ale lui Randy: continuarea distribuțiilor folosind vârsta lui Amadeus sau vârsta lui Randy. Randy a ales să continue cu RMD-urile în conformitate cu programul actual.

Între timp, Amadeus Charles Jr., singurul moștenitor al averii defunctului Amadeus Charles, a presupus că a moștenit Thunder Range și Glue Stick deoarece testamentul bătrânului drag l-a instruit pe executorul testamentar să "distribuie reziduurile mele fiului meu". Bunul și bătrânul tată, gândi Junior, care se bucura de un stil de viață ușor și prosper cu cai de curse datorită muncii tatălui său. Junior nu știa nimic despre colecția de monede sau despre IRA. Nu i-a trecut prin cap că unele active ar putea să nu fie incluse într-o "moștenire reziduală". Junior avea propriul său grajd, Bling Inn. A mutat Glue Stick acolo și a contactat un agent imobiliar pentru a vinde Thunder Range. Agentul a făcut o cercetare a titlului de proprietate și a găsit Hi Ho Silver LLC ca fiind proprietarul. O căutare rapidă pe site a arătat că Amadeus era managerul și agentul înregistrat. Registrele publice de stat nu au dezvăluit niciun proprietar al LLC. Agentul imobiliar l-a întrebat pe Junior cine ar putea semna în mod legal pentru LLC. Junior nu era sigur, dar i-a promis agentului că el controla activele tatălui său și că va semna un contract de cumpărare. Junior l-a contactat pe avocatul tatălui său, Dewey Cheetum, care a promis că va analiza problema și i-a oferit lui Junior condoleanțe și tariful orar al tatălui său pe un ton care l-a făcut pe Junior să-l considere pe Dewey noul său cel mai bun prieten.

Randy a deschis un cont IRA moștenit la depozitarul Amadeus. Depozitarul a acceptat acordul de funcționare al LLC, a transferat participația LLC în noul cont și a notificat IRS folosind cea mai recentă evaluare ca valoare de piață corectă. Avocatul i-a recomandat lui Randy să apeleze la serviciile unui agent înregistrat profesionist în loc să îndeplinească el însuși această sarcină. Randy a fost de acord. De asemenea, avocatul l-a încurajat pe Randy să contacteze statul pentru a-l notifica cu privire la noul administrator și la noul agent înregistrat. Randy i-a cerut propriului său avocat, Lou Pohl, să se ocupe de această înregistrare. Din fericire pentru Randy, Dewey s-a gândit la sarcina sa de cercetare (o procedură care poate fi imputată companiei) înainte de a trimite un e-mail persoanei de contact de la biroul de înregistrare al statului, mai târziu în acea săptămână. Prietenul lui Dewey i-a returnat un atașament care arăta modificările recente. Dewey l-a sunat pe Lou și l-a amenințat cu un proces atât de impresionant încât Lou ar fi trebuit să fugă din țară pentru a se îndepărta suficient de mult de scandal. Lou i-a răspuns calm că clientul său avea o autorizație de nerefuzat pentru aceste modificări.

Lou i-a trimis prin e-mail lui Dewey BDF-ul IRA și istoricul de proprietate al LLC-ului; Dewey a dat înapoi. El nu știa că o IRA poate deține un LLC. Nici Lou nu știa, dar a ținut asta pentru el. Dewey l-a informat pe Junior și l-a întrebat dacă acesta dorea să cerceteze o contestație legală a modificărilor. Junior l-a rugat să nu o facă. Dewey i-a trimis lui Junior o factură de 6.000 de dolari. Randy a continuat să urmărească activele SRL-ului. Dealerul de monede i-a dat acces la seiful LLC și l-a adăugat ca semnatar al contului de tranzacționare al LLC. Randy nu știa nimic despre investițiile în monede. S-a dus la Thunder Range. Semnul "De vânzare" l-a surprins. L-a sunat pe agentul imobiliar menționat pe panou, care a spus că îl reprezintă pe Junior. Apoi Randy a observat că lipsea Glue Stick și a sunat imediat un avocat specializat în probleme legate de IRA. Avocatul l-a asigurat că IRA deținea în mod legal Thunder Range și Glue Stick. Avocatul i-a recomandat lui Randy să-l sune pe Lou. Lou l-a sunat pe Dewey. Așa funcționează sistemul nostru juridic - oamenii plătesc avocați ca să vorbească între ei.

"Din punctul meu de vedere, clientul dvs. a furat un cal și a făcut declarații false într-un contract".

"Atunci de ce nu depuneți plângere? Sau este pentru că nu puteți dovedi acest lucru? Din punctul meu de vedere, clientul meu are la fel de multe drepturi la Thunder Range și la Glue Stick ca și clientul tău."

"Vrei să-mi explici cum?"

"Junior a moștenit întreaga avere a tatălui său! Așa se face!"

"Junior a moștenit averea, dar nu a moștenit IRA. Randy a moștenit-o. IRA deține Thunder Range și Glue Stick. Putem dovedi aceste afirmații. Ce dovezi aveți în favoarea voastră?"

Tăcere.

"O să vă spun ceva. Randy și Junior se cunosc de mult timp. Randy nu vrea să depună plângere. Junior îl duce pe Glue Stick înapoi la Thunder Range, anulează contractul de vânzare... nici o pagubă, nici o greșeală. Ce părere ai?"

"Lasă-mă să vorbesc cu clientul meu și te sun eu."

A doua zi, Glue Stick s-a întors acasă. Agentul imobiliar încerca să-l intimideze pe Junior cu un proces de încălcare a contractului. Dewey l-a sunat pe agentul imobiliar și l-a amenințat cu un proces atât de teribil încât agentul imobiliar ar fi trebuit să fugă din țară pentru a evita aprobarea unui contract ilegal. Agentul imobiliar a anulat contractul. Randy a vândut monedele, depunând suma în contul bancar al SRL-ului, așa cum era necesar. El a folosit banii pentru a finanța RMD-urile. Când banii s-au terminat, Randy a distribuit Thunder Range și Glue Stick ca distribuiri în natură impozabile. El a refuzat să vândă oricare dintre ele. Randy a transformat Thunder Range într-un sanctuar pentru cai. Glue Stick s-a retras din activitatea de armăsar. Atât Randy, cât și Glue Stick și-au trăit zilele în pace și fericire. Junior a fost mai bogat din averea tatălui său, dar la fel de nemulțumit ca înainte, fără să învețe niciodată lecția că "nimic nu este suficient pentru omul pentru care suficient este prea puțin".

Gestionarea unei moșteniri IRA-LLC: Persoanele care nu înțeleg complexitatea IRA-LLC-urilor pot crede că această poveste este un scenariu exagerat în cel mai rău caz. Dar nu este așa. Toate problemele din această poveste se întâmplă: un beneficiar IRA care nu știe despre moștenire, moștenitori care nu știu că activele aparțin IRA, active care sunt greu de localizat, lipsa autorității legale pentru a gestiona activele LLC, litigii, neştiind unde să găsească răspunsurile corecte şi plătind avocaţi pentru a vorbi cu avocaţi.

Cel mai rău scenariu? Distribuirea activelor IRA către moştenitori, crezând că activele fac parte din succesiune şi apoi aflarea faptului că distribuţia IRA este impozabilă ca venit obişnuit, nu ca o moştenire neimpozabilă, aşa cum se aşteaptă oamenii de la o succesiune. Sau să declaraţi un activ ca fiind epuizat şi lipsit de valoare (cum ar fi un împrumut neperformant), să nu îndepliniţi cerinţele de documentare ale custodelui şi să primiţi un 1099-R care să arate suma împrumutului ca o distribuţie anticipată impozabilă, pe lângă pierderea valorii în numerar. Foarte dificil! Această poveste ilustrează aspectele critice în gestionarea corectă a unei moşteniri IRA-LLC:

1. ţineţi o evidenţă contabilă completă a tuturor activelor, tranzacţiilor şi evaluărilor LLC;

2. 3. Păstraţi evidenţele LLC într-un loc în care să poată fi găsite în cazul decesului AO;

3. Să adauge un administrator la LLC în timpul vieţii AO, dacă AO este singurul administrator;

4. Înregistraţi evaluarea anuală a LLC, chiar dacă depozitarul nu solicită acest lucru;

5. Să depună un BDF actualizat împreună cu documentaţia LLC;

6. 6. Menţineţi suficiente lichidităţi în LLC pentru a face faţă RMD-urilor.

Moștenirea unui SDIRA LLC ridică problema continuării cu IRA LLC ca vehicul de gestionare a investițiilor sau a dizolvării LLC. O a treia opțiune, distribuirea integrală a LLC, este un instrument asociat cel mai adesea cu planurile SoloK.

Transferul LLC către o nouă IRA: Dacă alegeți să continuați ca IRA autoadministrată, trebuie să deschideți un nou cont IRA moștenit la același custode, să modificați acordul de funcționare LLC existent, dacă este posibil, sau să creați unul nou și să trimiteți o cerere de transfer completată către custode. Depozitarul va avea nevoie mai întâi de dovada că proprietarul IRA a decedat. Un certificat oficial de deces este suficient. Descurajez cu tărie depunerea de certificate de deces "do-it-yourself" pentru a moșteni o IRA înainte de tranziția IRA-AO.

Legile federale împotriva spălării banilor și a terorismului impun depozitarilor să obțină și să verifice numele dumneavoastră, numărul de asigurare socială, data nașterii, adresa și un număr de identificare emis de guvern înainte de a vă deschide contul. De asemenea, depozitarul poate obține și verifica informații similare de la orice persoană autorizată să efectueze tranzacții într-un cont.

Adresa dvs. este adresa de declarare a impozitului, nu o căsuță poștală, o cutie poștală sau un C/O. Depozitarul are nevoie de un act de identitate cu fotografie emis de guvern (permis de conducere, pașaport etc.), care poate fi încărcat, scanat sau trimis prin fax. Formularul de cont nou solicită tipul de cont. Bifați "Inherited IRA". Mulți custozi solicită un formular suplimentar pentru desemnarea moștenirii dumneavoastră. Acesta include:

1. Numele persoanei decedate, data nașterii și data decesului;

2. Dacă persoana decedată a început să primească RMD;

3. Categoria sa de beneficiar (soţ/soţie, non-soţ/soţie sau non-persoană);

4. Tipul lor de opţiune.

Alte modalităţi de luat în considerare includ:

1. Un BDF pentru a vă desemna beneficiarii;

2. Un formular de acces la internet pentru a vă oferi acces la contul dvs. pe portalul lor;

3. Un formular de împuternicire a reprezentantului, în cazul în care doriţi să desemnaţi un reprezentant pentru contul dumneavoastră;

4. O împuternicire, în cazul în care doriţi ca cineva să facă tranzacţii în contul dumneavoastră IRA. Acest lucru este diferit de a permite cuiva să facă tranzacţii pentru LLC, care necesită o Autorizaţie a managerului.

Odată ce contul este stabilit în mod corespunzător, alimentaţi noul cont. Căutaţi un "transfer în natură". Un transfer în natură mută interesele LLC fără a lichida şi răscumpăra activele. Pentru fiecare transfer în natură se poate aplica o taxă de reînregistrare. Formularul de transfer vă poate întreba dacă doriţi un transfer parţial sau total, numai numerar sau numai anumite active. Deoarece IRA a persoanei decedate trebuie închisă, solicitaţi ca toate activele să fie transferate în natură, inclusiv numerarul. Depozitarul vă poate pune întrebări legate de tranzacţiile interzise privind investiția IRA a beneficiarului dumneavoastră în LLC, cum ar fi...

Dumneavoastră sau vreun membru al familiei dețineți personal unități sau acțiuni?

Sunteți dvs. sau un membru al familiei un factor de decizie sau un proprietar majoritar (aceasta include rolul dvs. de manager al LLC)?

Sunteți dumneavoastră sau un membru al familiei un angajat al societății?

Ați primit dumneavoastră sau vreun membru al familiei vreun beneficiu personal ca urmare a investiției efectuate de IRA în această societate?

Depozitarul poate întreba, de asemenea, dacă LLC se află în procedură de faliment sau în curs de faliment, dacă nu mai este în activitate sau dacă este investigată de o agenție guvernamentală, cum ar fi SEC, FBI sau IRS. În cazul unui transfer în natură, este puțin probabil să fie necesar un formular de consiliere în materie de investiții. Noua dumneavoastră IRA deține participația la LLC prin transfer, nu printr-o investiție. Cu toate acestea, LLC are un nou membru și poate un nou administrator. Acest lucru poate necesita un nou acord de funcționare.

Depozitarii cu care lucrez nu acceptă acorduri de operare LLC generice, cum ar fi cele achiziționate de la un serviciu de formulare juridice online. De asemenea, aceștia nu furnizează acorduri de funcționare. Dacă aveți acordul existent, depozitarul vă poate permite să îl actualizați fără a apela la servicii juridice. Din păcate, mulți proprietari de SDQA nu s-au gândit la acest pas, iar promotorii îl abordează rareori. De ce să pierdeți o potențială vânzare punând întrebări despre moartea clientului? Noul cont IRA moștenit deține interesele LLC; dumneavoastră sunteți managerul LLC și LLC continuă să dețină aceleași active.

Transferul banilor către un nou IRA: Alegerea de a închide un IRA-LLC moștenit și de a transfera activele către o bancă mai tipică, o societate financiară sau un IRA al unui consilier de investiții implică următorii pași:

1. 1. Deschideți un cont IRA moștenit la furnizorul pe care îl alegeți. Pașii pentru deschiderea unui cont sunt aceiași cu cei descriși mai sus. Nu uitați să selectați IRA moștenită ca tip de cont. Unii custozi transferă fonduri doar între aceleași tipuri de cont. Acești custozi vă pot cere să deschideți un cont IRA moștenit la ei, să transferați activele IRA ale persoanei decedate în contul IRA moștenit și apoi să efectuați transferul;

2. Dacă este necesar, modificați acordul de funcționare al LLC pentru a vă menționa ca administrator;

3. Convertiți toate activele LLC în numerar. Conversia activelor LLC în numerar variază în funcție de tipul de activ. Împrumuturile negarantate, finanțările pentru infrastructură, plasamentele private și împrumuturile imobiliare pot avea clauze contractuale care interzic vânzarea contractului sau obligă cealaltă parte să îl îndeplinească integral. Contactați depozitarul dumneavoastră dacă SRL-ul conține astfel de active. Acumulați banii într-un cont al LLC, cum ar fi un cont curent de afaceri;

4. Transferați banii din LLC în contul IRA deschis la custode, urmând instrucțiunile acestuia;

5. Trimiteți un formular de transfer sau de transfer direct completat la custode. Unii doresc un formular de transfer de la furnizorul noului cont; alții au un formular pe care vor să îl semnați, prin care îi instruiesc unde să trimită fondurile și vă cer să trimiteți un formular de transfer sau de cerere de transfer direct, nu o cerere de distribuire. Am primit telefoane de la persoane care doreau să știe cum să anuleze o distribuție după ce au trimis un formular greșit sau au bifat o căsuță greșită.

Rezultatul este un cont IRA moștenit la un furnizor ales de dumneavoastră, gata să fie investit în investiții IRA tipice, cum ar fi acțiuni, obligațiuni și fonduri mutuale tranzacționate la bursă.

Dizolvarea LLC: Dizolvați LLC la biroul secretarului de stat din statul dumneavoastră. Dacă aveți nevoie de ajutor cu acest pas, contactați biroul respectiv. Procesul variază foarte mult de la un stat la altul. Este posibil ca SRL-ul să aibă un EIN. LLC-urile IRA nu depun o declarație de impozit pe venit decât dacă LLC-ul generează un venit impozabil din activități comerciale nelegate sau un venit finanțat prin datorii nelegate. Atunci când IRS atribuie un EIN unei entități, acesta devine numărul de identificare federal permanent pentru entitatea respectivă. IRS nu anulează, reutilizează sau realocă EIN-ul unei alte entități comerciale. IRS înregistrează pur și simplu închiderea unui EIN. Pentru a vă închide EIN-ul, trimiteți la IRS o scrisoare care include denumirea juridică completă a entității, EIN-ul, adresa de afaceri și motivul pentru care doriți să vă închideți contul (de exemplu, "dizolvare

LLC"). Includeți notificarea de atribuire a EIN, dacă o puteți găsi. Adresa poștală actuală a IRS pentru aceste notificări este Internal Revenue Service, Cincinnati, Ohio 45999.

Întrebare test: Josh moștenește un IRA de la mama sa, Grace. IRA-ul lui Grace deținea o LLC care deținea un triplex care producea venituri sigure. LLC-ul avea, de asemenea, un cont bancar pentru tranzacțiile LLC-ului, cum ar fi taxele de proprietate și reparațiile, și un cont de brokeraj pentru surplusul de numerar, unde și-a investit fondurile în acțiuni cu capitalizare mică, pe care îi plăcea să le urmărească. Josh dorește să păstreze LLC, triplexul și contul bancar, dar să lichideze acțiunile și să transfere banii într-un IRA moștenit pe care intenționează să îl deschidă la un manager privat de bani. Josh figurează ca administrator al LLC. Poate Josh să bifurce activele IRA ale mamei sale în acest mod și, în caz afirmativ, cum?

1. Nu, IRA-urile moștenite sunt un scenariu de tipul "totul sau nimic". El trebuie fie să păstreze IRA ca IRA autoadministrată la acel custode, fie să vândă totul și să o transfere la un alt custode.

2. Da, vinde acțiunile, transferă fondurile din contul de brokeraj al LLC în contul IRA la custode și solicită un transfer în contul IRA moștenit nou creat.

3. Da, vindeți acțiunile, transferați fondurile din contul de brokeraj al LLC în contul bancar al LLC și scrieți un cec din acel cont în contul IRA moștenit nou creat.

4. Da, vindeți acțiunile, solicitați firmei de brokeraj să transfere fondurile din contul de brokeraj al LLC în contul IRA moștenit nou creat.

Răspuns: Vestea bună pentru Josh este că poate bifurca activele calificate în acest mod. Numărul 1 este incorect. Răspunsul corect este nr. 2, în care fondurile trec din contul LLC în contul IRA de la depozitarul SDIRA. Custodele transferă apoi fondurile către depozitarul noului cont. Cheia pentru a evita problemele cu IRS este procesul. Răspunsurile 3 și 4 nu ar face ca depozitarul expeditor să depună raportul său. De asemenea, ar trebui să determine custodele destinatar să pună la îndoială transferul, deoarece acesta nu provine de la un alt custode IRA. Toate tranzacțiile IRA (contribuții, distribuții, rulaje) ar trebui să provină din contul IRA, nu din SRL-uri IRA sau trusturi IRA.

Capitolul 11: Moștenirea unui trust SDIRA

Să vorbim acum despre ceva puțin diferit: un trust SDIRA. Într-un trust SDIRA, IRA este constituitorul și beneficiarul trustului, iar AO este administratorul fiduciar. Un trust SDIRA funcționează în același mod ca un SDIRA LLC, doar că trebuie să înlocuim LLC cu trust și administrator cu administrator fiduciar.

Am observat confuzie în ceea ce privește conceptul de trust SDIRA în rândul clienților, al profesioniștilor financiari și chiar al custozilor. Confuzia variază de la "Nu știam că se poate face așa ceva" la "Nu poți să îți pui IRA într-un trust cât timp ești în viață". Chiar și unii custozi care permit ca IRA-urile să fie investite într-un SRL administrat de proprietarul IRA nu permit un trust SDIRA. De ce există această discrepanță între conceptul general de IRA LLC și cel de SDIRA trust?

Un trust ca investiție IRA valabilă: În primul rând, să clarificăm dacă o IRA poate investi într-un trust. Legea nu permite ca fondurile IRA să fie investite în asigurări de viață sau în obiecte de colecție. Un fond fiduciar nu este o poliță de asigurare de viață sau un obiect de colecție. Da, o IRA își poate investi activele într-un trust. Cu toate acestea, 26 U.S. Code § 4975 impune o taxă pe tranzacțiile interzise. Este investirea activelor IRA într-un trust al cărui administrator este proprietarul IRA o tranzacție interzisă? Nu mai mult decât investirea activelor IRA într-un SRL administrat de către AO.

Încă mai sunteți sceptici? Aruncați o privire la formularul IRS 5498, "Informații privind contribuția IRA". Caseta 15a vă indică valoarea justă de piață a anumitor active. Caseta 15b vă indică categoria de active cu un cod de litere. Litera E indică un interes de proprietate într-o corporație, un trust sau o entitate similară.

Rich și Belle au vizitat un avocat specializat în planificare succesorală. Avocatul le-a recomandat un RLT (Revocable Living Trust) pentru toate motivele pentru care avocații recomandă trusturile: activele trustului evită succesiunea, clienții controlează activele dincolo de mormânt, trusturile asigură confidențialitate și pot oferi protecție împotriva creditorilor pentru beneficiari. Avocatul a dat apoi un sfat general: "Transferați toate activele în trust". Rich și Belle au urmat sfatul avocatului, crezând că "toate" înseamnă totul. Ei și-au transferat activele SDIRA în trust, ceea ce depozitarul IRA a raportat la IRS ca fiind o distribuție. Nu este un rezultat bun!

Urmarea îndrumărilor profesionale este o apărare împotriva unei penalizări flagrante de răscumpărare, dar este o consolare mică față de impozitele datorate pentru o distribuție totală.

Transferul activelor dintr-o IRA către un trust al cărui garant este IRA... nu este o distribuție.

Transferul activelor dintr-o IRA către un trust în care AO este concedentul ... este o distribuție.

Două diferențe importante.

(1) Într-un trust SDIRA, IRA este concedentul, proprietarul IRA este administratorul (atribuții limitate la cele permise pentru administratorii de trusturi calificate), iar IRA este beneficiarul. Într-un RLT tipic, cum ar fi cel creat pentru Rich și Belle, clientul este concedentul, administratorul și beneficiarul.

2. Transferul de fonduri din SDIRA către trust este o investiție, fondurile sunt în continuare deținute de IRA și fac obiectul normelor IRA. Atunci când Rich și Belle au transferat fondurile din IRA în RLT, au scos fondurile de sub controlul IRA și le-au plasat într-un cont al cărui concedent și beneficiar sunt ei.

Dacă nu v-ați dat seama încă de diferență, gândiți-vă la structura IRA LLC. O IRA poate investi într-o LLC goală, în care clientul acționează ca manager. Dacă cineva investește fonduri din IRA într-un LLC în care figurează ca membru în loc de IRA, aceasta este o distribuție. Am văzut cum s-a întâmplat acest lucru, inclusiv un avocat care a creat un LLC pentru protecția calificată a activelor, dar care l-a inclus pe client ca membru.

Trei semnificații diferite pentru IRA Trust: Specialiștii în domeniul juridic, fiscal și financiar folosesc termenul IRA Trust pentru a desemna trei concepte diferite:

1. Un trust care primește fonduri IRA ca investiție. 2. Un fond fiduciar revocabil cu concedent în care IRA este atât concedent, cât și beneficiar, iar proprietarul IRA este administratorul fiduciar. Această carte se referă la acest concept ca fiind un trust SDIRA.

2. Un trust creat special pentru a servi drept beneficiar al IRA, mai degrabă decât pentru a numi direct beneficiari individuali. Aceste trusturi nu sunt finanțate până la decesul proprietarului IRA, ceea ce înseamnă, de asemenea, că proprietarul IRA nu poate acționa în calitate de fiduciar. Deși am văzut că unii profesioniști susțin aceste trusturi fără a lua în considerare valoarea IRA, costurile de constituire, întreținere și raportare fiscală sugerează o valoare țintă de 500.000 de dolari înainte de a lua în considerare unul pentru IRA. IRA este concedentul, un membru al familiei sau un administrator profesionist este numit în calitate de administrator, iar beneficiarii sunt cei pe care proprietarul IRA dorește să îi enumere. Eu mă refer la aceste trusturi ca la IRA Beneficiary Trusts.

3. Un trust care deține fonduri IRA de la mai mulți proprietari IRA. Aceste trusturi sunt administrate de administratori fiduciari profesioniști reglementați, care sunt diferiți de custozii IRA. Mă refer la aceste trusturi ca fiind IRA-uri fiduciare. Un profesionist financiar mi-a spus că nu sunt permise trusturile SDIRA, deoarece regulamentele prevăd clar că o persoană nu poate acționa în calitate de fiduciar IRA. Acest lucru este adevărat. Cu toate acestea, aceste reglementări se referă la IRA-urile fiduciare, nu la trusturile SDIRA. Chiar și profesioniștii din domeniul financiar (și avocații) confundă aceste concepte.

O poveste despre SDIRA Trust și IRA Beneficiary Trust: Raymond Panagos a decedat. Fiica sa, Mahalia, a ajuns să contacteze depozitarul IRA. Depozitarul i-a spus că în formularul de beneficiar figura mama ei, Cressida, ca beneficiar principal.

"Mama mea a decedat deja".

"Îmi pare rău! Beneficiarul secundar este listat ca fiind un trust. Știți ceva despre acest trust?"

"Poate! Am găsit două documente de încredere în actele dumneavoastră. Cum se numește acest trust?"

"Trustul familiei Panagos! Recunoașteți acest nume?"

"Da! Doriți o copie a contractului de fiducie?"

"Da, vă rog! Vă voi da numărul nostru de fax. Vom avea nevoie și de certificatul de deces. Și de cel al mamei tale! Mai sunt și niște hârtii pe care trebuie să le semneze reprezentantul personal. Știți dacă sunteți reprezentantul personal sau executorul testamentar al averii sale?".

"Da!" Se pare că sunt multe de făcut! Am găsit un extras de cont IRA care arată că investiția sa IRA este într-un trust numit Raymond Panagos IRA Trust. Acesta este celălalt document de încredere pe care l-am găsit. Aveți nevoie și de o copie a acestuia?"

"Nu, mulțumesc! Avem acea copie în arhiva noastră. Nu am ridicat-o încă. Știți dacă în vreunul dintre trusturi figurați ca administrator?".

"Nu, nu știu. Mama mea este trecută ca administrator alternativ în ambele trusturi. Nu cred că tata și-a amintit să le actualizeze după ce a murit." Cressida a suspinat. Supraîncărcare emoțională. Era recunoscătoare pentru politețea și eficiența managerului de cont, o rază caldă de soare într-o perioadă întunecată.

Mahalia a continuat. "De ce două trusturi? Nu înțeleg."

"IRA-ul tatălui tău este investit în trustul IRA, iar trustul familiei este beneficiarul. Nu am mai văzut niciodată această combinație. Nu sunt autorizată să dau sfaturi juridice, de investiții sau fiscale și, sincer, nici nu știu de unde să încep. Cunoașteți pe cineva care vă poate ajuta?"

"Există numele unui avocat pe pagina de gardă a fondului IRA. Îl voi suna. Vă mulțumesc pentru ajutor!"

"Cu plăcere. Încă o dată, îmi pare rău pentru pierderea suferită. Dacă mai pot face ceva, vă rog să mă sunați sau să îmi trimiteți un e-mail."

Mahalia l-a sunat pe avocat și i-a lăsat un mesaj. Acesta a sunat-o din nou a doua zi. Unii avocați fac asta. "Cu ce vă pot ajuta?"

"Ați înființat un fond pentru tatăl meu, pe care să-l folosească cu IRA-ul său. El a decedat. Nu știu ce să fac!"

"Sunt bucuros să vă ajut. Vă rog să acceptați cele mai profunde condoleanțe pentru pierderea suferită. De unde ați dori să începeți?"

"IRA-ul tatei se referă la două fonduri fiduciare. Unul se numește Raymond Panagos IRA Trust, pe care cred că dumneavoastră l-ați scris. Celălalt este Panagos Family Trust, care este listat ca beneficiar al IRA. Sunt foarte confuză. Ați scris și asta?"

"Nu. Îmi amintesc că, la momentul respectiv, el intenționa să o treacă pe mama sa ca beneficiar principal și pe copiii săi ca beneficiari secundari egali. Probabil că a adăugat acel trust mai târziu."

"Care este diferența dintre cele două trusturi? Avem nevoie de ambele? Ce are trustul IRA? Funcționează trusturile în același mod? Sunt foarte confuză!"

Avocatul a explicat cu răbdare cele două trusturi. "IRA este investită în trustul IRA. Acest lucru i-a oferit tatălui tău controlul asupra investițiilor IRA. Trustul deține investițiile. IRA însăși este atât concedentul, cât și beneficiarul trustului IRA, ceea ce înseamnă că activele trustului trebuie să se întoarcă în contul IRA atunci când IRA reziliază trustul. Beneficiarul IRA primește activele IRA. Trustul respectiv păstrează distribuțiile minime obligatorii în cadrul trustului IRA sau distribuțiile minime obligatorii sunt plătite beneficiarului în momentul în care trustul primește fiecare distribuție. Are sens până acum?"

"Cred că da. Avem nevoie de cele două trusturi?"

"Asta depinde de dumneavoastră. Fondul fiduciar IRA va deține investițiile IRA. Dacă vă plac investițiile, puteți păstra acest fond. Trustul trebuie să creeze suficiente lichidități pentru a acoperi RMD-urile în fiecare an. Fondul fiduciar IRA transferă fondurile către contul IRA, care distribuie aceste fonduri către fondul fiduciar al beneficiarului. Dacă nu doriți să vă asumați responsabilitatea pentru trustul IRA și pentru investițiile sale, puteți lichida totul și transfera contul IRA la un IRA moștenit cu un alt custode. În orice caz, aveți nevoie de fondul fiduciar al beneficiarului."

"Nu vreau să am de-a face cu niciunul dintre ei!" Mahalia a suspinat din nou. Impresionată. De ce nu-și explicase tata mai bine dorințele? De ce a trebuit să fie atât de complicat? Oare tata chiar vedea necesitatea unui trust în viață sau îl convinsese vreun promotor sau avocat isteț?

"Nu trebuie să faci asta. Te pot ajuta să dizolvi trustul IRA și poți angaja un administrator profesionist pentru trustul beneficiarului. Dacă nu cunoașteți nicio firmă de trusturi, vă pot face câteva recomandări. Discutați despre necesitatea unui administrator pentru trustul beneficiar și vedeți dacă cineva dorește să îndeplinească acest rol. Mulți oameni consideră că merită să plătească o mică taxă de administrare unui administrator profesionist pentru a evita tensiunile familiale și pentru a asigura o contabilitate exactă a fiduciei."

"Acesta este un sfat bun! Vă mulțumesc foarte mult. Pot să vă sun din nou dacă mai am nevoie de ajutor?"

"Oricând! Sunt bucuros să vă ajut. Încă o dată, condoleanțele mele pentru moartea tatălui dumneavoastră."

Gestionarea moștenirii unui trust SDIRA: Pașii pentru moștenirea unui trust SDIRA sunt aceiași ca și pentru un SRL IRA. Asigurați-vă doar că aveți de-a face cu un trust SDIRA și nu cu un trust beneficiar IRA. Trustul SDIRA gestionează investițiile

IRA într-un statut cu impozit amânat; IRA este atât concedent, cât și beneficiar. În cazul unui fond fiduciar al beneficiarului IRA, IRA este concedentul, beneficiarii sunt persoane fizice, iar activele fiduciare sunt distribuiri impozabile din IRA, impozitele fiind transferate de către fond către beneficiari. Pe scurt:

1. Decideți o opțiune de distribuire;

2. Decideți dacă doriți să continuați sau să încetați trustul SDIRA;

3. Alegeți un custode (același pe care l-a folosit persoana decedată sau altul);

4. Alegeți investițiile;

5. Completați formularele corespunzătoare.

Întrebare test: Errol a murit înainte de a declanșa RMD pentru IRA-ul său. El și-a gestionat investițiile IRA prin intermediul unui trust SDIRA. Errol nu s-a căsătorit niciodată și nici nu a avut copii. Și-a completat BDF enumerând "toate nepoatele și nepoții mei în viață în mod egal" ca beneficiari principali, ignorându-i pe cei trei frați ai săi. Opt nepoate și nepoți, toți minori, i-au supraviețuit. În trustul său SDIRA nu era menționat un administrator alternativ. Cei trei frați ai săi nu au reușit să se pună de acord asupra persoanei care ar trebui să fie următorul administrator. Fiecare dintre ei bănuia că ceilalți frați își vor favoriza proprii copii dacă vor fi numiți administratori fiduciari. Ei au fost de acord că tutorele ar putea numi un administrator profesionist. Administratorul ales de tutore poate face următoarele, cu excepția:

1. 1. Să selecteze alte investiții decât cele enumerate în alocarea activelor din documentul fiduciar.

2. 2. Să primească o remunerație rezonabilă pentru serviciile prestate.

3. Distribuie RMD din contul fiduciar.

4. Trimiterea de fonduri către depozitar pentru a distribui RMD din contul IRA.

Răspuns: Răspunsul corect la această întrebare necesită o distincție adecvată între un trust SDIRA și un trust beneficiar IRA. Tabelul de active enumeră pur și simplu activele transferate inițial către trust. Unii administratori fiduciari actualizează această listă pe măsură ce se schimbă investițiile, dar mulți nu o fac. Tabelul este pur și simplu o listă, nu o restricție privind politica de investiții, astfel încât putem exclude 1. O persoană descalificată nu trebuie să primească compensații de la un trust SDIRA, dar poate primi compensații de la un trust beneficiar IRA. Aici avem un custode profesionist care, probabil, nu este o persoană descalificată, deci poate primi o compensație rezonabilă. În cazul unui trust beneficiar IRA, trustul primește distribuții din IRA. Administratorul distribuie fondurile către beneficiari, care apoi plătesc impozit pe venitul lor (răspunsul 4). În cazul unui trust SDIRA, administratorul fiduciar trimite fondurile în contul IRA, către constituitorul trustului și către beneficiar. Depozitarul trimite apoi fondurile către beneficiari ca distribuții impozabile. Răspunsul corect este 3.

Capitolul 12: Moștenirea unui plan Solo 401(k): Ce este un SoloK?

Iată un punct de vedere conspirativ. Congresul a creat planurile 401(k) prin Legea privind securitatea veniturilor din pensii ale angajaților din 1974 (ERISA). Modificările aduse la ERISA prin Legea de reconciliere a creșterii economice și a scutirii de impozite din 2001 (EGTRRA) au deschis calea pentru ca industria financiară să ofere planuri 401(k) pentru lucrătorii independenți. EGTRRA nu a creat o nouă categorie de planuri 401(k). A adus două modificări mici, dar semnificative, la legislația existentă.

În primul rând, legislația din 2001 a eliminat cerința ca angajatorii să reducă contribuțiile maxime deductibile fiscal la planul de pensionare cu suma amânărilor salariale făcute de angajați la un plan. Înainte de aceste modificări, SEP-IRA domina planurile de pensionare pentru lucrătorii independenți, atât în ceea ce privește numărul de planuri, cât și nivelurile maxime de contribuție.

IRA-urile necesită custozi, după cum știți din lectura secțiunii anterioare, ceea ce exclude companiile financiare care nu sunt custozi din această afacere profitabilă. Conform EGTRRA, companiile care nu sunt custode pot acum să comercializeze planuri 401(k) pentru proprietarii de mici afaceri, promovând costuri administrative mai mici și limite de contribuție mai mari decât un SEP-IRA.

În al doilea rând, EGTRRA a adăugat împrumuturile planului către proprietarii de angajați ca fiind scutite de considerațiile privind tranzacțiile interzise. Nu puteți lua un împrumut din IRA. Aveți nevoie de bani de la compania dumneavoastră, dar nu doriți să plătiți impozit pe venit? Cum ar fi dacă ați putea să amânați acest venit într-un plan 401(k), să luați fondurile împrumutate și să le returnați la o rată a dobânzii modestă pentru a beneficia de propria pensie? Un alt argument de vânzare excelent pentru sectorul financiar!

Au jucat aceste firme de pe Wall Street un rol în crearea acestor modificări de reglementare pentru propriul lor câștig financiar? Probabil că da! Cu toate acestea, dacă există o conspirație, nu este la același nivel cu rolul pe care Wall Street l-a jucat în culisele sale în crearea Sistemului Federal de Rezerve, a unui impozit federal permanent pe venit sau a modului în care profită de pe urma complexului militar-industrial.

Nu există nicio prevedere pentru un SoloK în codul fiscal. Termenul nu apare nici în Economic Growth and Tax Relief Reconciliation Act din 2001. În schimb, la fel ca și conceptul de "auto-dirijare", companiile de servicii financiare și promotorii au creat această idee ca instrument de marketing. Ce spuneți despre ideea că un SoloK nu este obligat să efectueze teste de discriminare? Acest lucru era valabil pentru fiecare plan participant în conformitate cu legea ERISA, nu o nouă procedură creată de EGTRRA. Am citit un buletin post-EGTRRA distribuit avocaților și contabililor care arăta modul în care aceștia își puteau crește venitul personal prin trimiterea clienților către companiile de servicii financiare pentru un SoloK. Textul cu litere mici menționa că avocații și CPA ar trebui să fie licențiați și să fie referiți pe platforma firmei de investiții. Industria serviciilor financiare dorea să aibă acces la industria IRA, care valorează mii de miliarde de dolari, și a ajutat Congresul să găsească o modalitate de a face acest lucru.

Un susținător al SoloK a susținut că un întreprinzător individual poate contribui mai mult la un SoloK decât la un SEP. Acest lucru este adevărat pentru nivelurile de venit sub o anumită sumă, dar nu pentru toate veniturile. Limitele pentru ambele planuri sunt aceleași, dar sunt calculate diferit. Un alt promotor SoloK le-a spus potențialilor clienți că IRS însuși a creat SoloK pentru proprietarii de mici afaceri. Acest lucru este 100% fals! IRC este adoptat de Congres; IRS doar implementează legea. Nu există nicio secțiune din IRC care să detalieze modul în care se poate structura un SoloK. Planurile sunt redactate de companii care au ceva de vândut, cum ar fi investiții sau servicii de redactare a planurilor.

Ce spune IRS despre planurile cu un singur participant? Proprietarul unei companii care nu are angajați de drept comun nu trebuie să efectueze teste de nediscriminare pentru plan, deoarece nu există angajați care ar putea primi beneficii diferite. Avantajul de a nu efectua teste dispare atunci când angajatorul angajează angajați. Indiferent cum este denumit planul 401(k) de către furnizorul planului, acesta trebuie să respecte normele din Codul fiscal intern. Dacă angajați angajați și aceștia îndeplinesc cerințele de eligibilitate ale planului, trebuie să-i includeți în plan, iar reporturile lor elective vor fi supuse testului de nediscriminare.

Industria serviciilor financiare și promotorii creează materiale promoționale și site-uri web SoloK pentru a vă vinde ceva, mai degrabă decât pentru a descrie cu exactitate parametrii legali ai SoloK. Adesea, aceștia creează documente de plan care limitează opțiunile de investiții la cele pentru care pot primi un onorariu sau un comision.

Ce este un SoloK? Un SoloK permite unei persoane cu venituri din activități independente să economisească fonduri pentru pensionare cu amânarea impozitului, în conformitate cu documentele planului conforme cu IRC. Un SoloK este stabilit cu o companie de servicii financiare sau cu un promotor prin semnarea unor formulare speciale și adăugarea de fonduri prin intermediul unui rulaj calificat sau al unei contribuții de venituri din activități independente.

Înființarea unui SoloK implică, de obicei, următoarele formulare:

Acord de adopție;

Cerere de plan;

Formular de înscriere;

Acordul de deducere a salariilor;

Formular de desemnare a beneficiarilor;

Formular de transfer.

Odată înființat, principalele documente operaționale sunt documentul de bază al planului (Basic Plan Document - BPD) și descrierea sumară a planului (Summary Plan Description - SPD). BPD este păstrat de către angajator, în timp ce SPD este înmânat angajaților. BPD-urile cu care am lucrat au, în medie, în jur de cincizeci de pagini, în timp ce un SoloK SPD are, de obicei, între zece și douăsprezece pagini. Odată ce documentația de înființare este completă, proprietarii planului nu trebuie decât să urmeze liniile directoare privind contribuțiile și să gestioneze investițiile.

Contribuția la un SoloK: Formula de contribuție are două părți: o parte a angajatului numită "reporturi elective" și o parte a angajatorului numită "contribuții neselective". Reporturile elective nu pot depăși o sumă stabilită anual de IRS. Reporturile elective și contribuțiile neselective nu pot depăși o sumă stabilită anual de IRS. Formula diferă în funcție de existența unei entități juridice separate, sau a unui "angajator", în comparație cu o persoană care desfășoară o activitate independentă. "Solo" din "SoloK" nu înseamnă că proprietarul trebuie să opereze afacerea ca o întreprindere individuală, ci doar că proprietarul și soțul/soția acestuia sunt singurii angajați. Este posibil să se adopte un "SoloK" dacă afacerea este condusă ca o întreprindere individuală, o societate cu răspundere limitată sau o corporație.

Pentru persoanele fizice angajate de o societate, limita de amânare electivă este cea mai mică dintre limita anuală sau remunerația W-2. Contribuția angajatorului este cea mai mică dintre 25% din remunerație, așa cum este definită de plan, și suma care ar face ca planul să atingă limita totală de amânare. În cazul persoanelor care desfășoară activități independente, calculul reportului electiv este o formulă în douăzeci și unu de pași, pentru care fac trimitere la IRS Publication 560, în loc să o detaliez aici.

Contribuțiile excesive la un SoloK duc la penalități dacă nu sunt corectate în timp util. Contribuția în exces este distribuită, creând un venit impozabil pentru anul respectiv, iar pentru suma respectivă se datorează o penalitate de 10 %, cu excepția cazului în care există o scutire. Decesul proprietarului contului este o astfel de excepție. Contribuția la un SoloK este mai mult decât transferul de fonduri dintr-un cont de afaceri într-un cont de plan. Contabilitatea companiei și rapoartele de sfârșit de an, cum ar fi rapoartele de venituri și cheltuieli și rapoartele W-2, trebuie să delimiteze în mod clar contribuțiile angajatului și ale angajatorului. Aceste date trebuie să corespundă, de asemenea, cu rapoartele planului transmise de administratorul planului.

Diferențe de reglementare între SoloKs și IRAs: SoloKs pot investi în două investiții care sunt interzise pentru IRAs: acțiuni sponsorizate de angajator și asigurări de viață, în limita anumitor parametri. Normele privind tranzacțiile interzise împiedică o IRA să investească în afacerea proprietarului IRA, indiferent de tipul de afacere. IRA-urile individuale pot cumpăra acțiuni ale unei companii care le sponsorizează, denumite Qualified Employer Securities (QES). Cumpărarea de QES este ca și cum ai angaja un angajat cu normă întreagă; planul nu se mai califică drept SoloK. Cineva trebuie să fie lucrător independent pentru a sponsoriza un SoloK. Atunci când planul cumpără QES, doi acționari dețin corporația, planul 401(k) și cel puțin un acționar care nu face parte din plan. Acest lucru îl califică pe cel care nu este persoană fizică drept lucrător independent.

Deținerea QES necesită ca planul să depună un formular 5500 complet cu anexele legate de QES. Această carte abordează detaliile QES în secțiunea ROBS, deoarece aceasta este cheia de reglementare pentru o configurație ROBS adecvată. Pentru moment, rețineți că achiziționarea QES cu un SoloK creează mai multe complicații pentru administrarea planului decât angajarea unui angajat. Dacă moșteniți un SoloK și vă dați seama că portofoliul de investiții include acțiuni în societatea angajatorului sponsor, procedați cu prudență și bazați-vă pe îndrumarea unei persoane care cunoaște aceste reguli.

Un SoloK poate, de asemenea, să achiziționeze o asigurare de viață. Deținerea unei asigurări de viață nu modifică prevederile planului. Cerințele pentru deținerea unei asigurări de viață includ:

1. 1. Plata primelor poate proveni numai din contribuțiile angajatorului, nu din contribuțiile angajaților.

2. 2. Polița trebuie să fie deținută numai de participant, de soțul/soția participantului sau de o altă persoană în care participantul are un interes asigurabil.

3. Prima totală de asigurare de viață pentru fiecare participant trebuie să fie mai mică decât un anumit procent din

totalul contribuțiilor angajatorului alocate contului individual al participantului, în funcție de tipul de asigurare achiziționat.

4. Orice dividende sau credite obținute din contractele de asigurare pentru un participant sunt alocate contului individual al participantului.

5. Contractele de asigurare de viață ale unui participant sunt convertite în numerar sau într-o rentă viageră sau sunt distribuite participantului atunci când acesta încetează să mai lucreze pentru angajator.

6. Contractele pe viață comună a unui participant și a unei alte persoane nu pot fi menținute dacă participantul încetează să mai aibă un interes asigurabil în persoana respectivă.

7. Atunci când un participant moare, compania de asigurări plătește planul, iar administratorul planului plătește beneficiarul ca distribuție impozabilă.

8. SoloK-urile investesc la fel ca IRA-urile; un SoloK poate deține investiții în nume propriu sau poate crea SRL-uri și trusturi prin intermediul cărora deține investiții. Întrucât proprietarul contului este un semnatar autorizat al unui SoloK, acesta nu are nevoie de un SRL sau de un trust pentru a facilita controlul local.

Capitolul 13: Moștenirea unui SoloK fără subentități

Moștenirea unui SoloK nu trebuie să vă dea bătăi de cap. Dacă vă simțiți ca și cum ați fi în vârful unei clădiri înalte fără balustrade, bucurați-vă de priveliște și lăsați profesioniștii să se ocupe de detalii. O configurație tipică SoloK este similară unui IRA care deține active netradiționale în nume propriu. O diferență importantă este că AO semnează SoloK, în timp ce autoritatea de semnare pentru un IRA este un administrator angajat de custode. În timp ce beneficiarul implicit al multor IRA-uri este averea persoanei, indiferent de starea civilă, beneficiarul implicit al unui SoloK este soțul/soția, dacă este căsătorit/ă. Soțul/soția trebuie să fie de acord în mod afirmativ pe formularul de desemnare a beneficiarului dacă BDF menționează pe altcineva ca beneficiar principal.

Un prieten avocat italian a mărturisit odată, la un scotch afumat într-un colț din spate al clubului său privat, că SoloK-ul său era pentru soția sa, iar IRA-ul său era pentru gumar (argoul italian pentru amantă). Apoi a râs. L-am întrebat dacă soția lui știa despre acest aranjament. S-a oprit din râs.

O vinietă dramatică din SoloK: François a observat-o pentru prima dată pe Amber când a intrat la un curs de finanțe la Fuqua Business School din Duke. A petrecut mai mult timp decât era acceptabil din punct de vedere social observând felul în care mergea, zâmbetul ei, legănarea părului ei până la umeri. Când ea a scanat sala în căutarea unui loc liber, ochii lui s-au blocat pentru scurt timp. Zâmbetul ei s-a intensificat pentru o clipă, apoi a dispărut când întârzierea lui a obligat-o să se așeze în spate, locul ei cel mai puțin preferat în sălile de clasă semicirculare în stil amfiteatru. După ore, s-a prezentat. A invitat-o la prânz mai târziu în acea săptămână. Ea a acceptat. În acel an, el a descoperit că fusese botezată după culoarea părului ei și după un personaj din romanul preferat al mamei sale. Familia ei era din Carolina de Sud, dar nu era o familie bătrână și bogată care încerca să controleze totul. Își dorea o carieră în partea de afaceri a industriei modei. El a întrebat-o de ce nu era model și a complimentat-o pentru frumusețea ei. Ea a roșit ușor și a dezvăluit că fusese model fără o faimă semnificativă încă din adolescență. S-a înscris la o școală de afaceri, sperând să devină parteneră într-o agenție de succes sau să își deschidă propria agenție.

A aflat că familia lui François emigrase din Europa în Florida cu doar câteva generații mai devreme. A glumit că părinții săi i-au ales numele pentru că știau că va trebui să învețe să se apere, o idee pe care au preluat-o de la un cântec al lui Johnny Cash. Îi plăcea să călătorească, să citească și își dorea să lucreze pe piețele de capital sau în domeniul gestionării investițiilor. Dragostea sa pentru conceptele de piață liberă și pentru punerea în funcțiune a surplusului de capital a început în perioada în care era băiatul care livra ziarele, punând deoparte o parte din venitul său lunar pentru viitorul său nedefinit pe atunci.

Părinții lui Amber au sfătuit-o să își consolideze cariera înainte de a adăuga stresul concurent al unei relații serioase. Părinții lui François l-au sfătuit să rezerve o relație de durată nu pentru cineva cu care credea că poate trăi, ci pentru cineva fără de care știa că nu poate trăi. Chiar și așa, s-au căsătorit imediat după absolvire, cu binecuvântarea ambelor familii. Ea a crezut că cererea lui în căsătorie suna ca un discurs despre fuziuni și achiziții și l-a iubit pentru asta. El credea că zâmbetul din ochii ei făcea ca viața să merite trăită.

El și-a luat o slujbă la o companie de gestionare a banilor din Fort Lauderdale. Ea a continuat să lucreze ca model pentru o agenție din Miami și a început să își facă contacte de afaceri. Doi ani mai târziu, și-a deschis propria agenție. S-a remarcat în agenția sa prin faptul că se concentra pe modelele sale, creând relații de durată și îngrijindu-se de ele ca persoane. De asemenea, ea a scris modeling cu un "l" în plus, la modul european, în loc de modul american, cu unul singur. Fără droguri, fără servicii de escortă deghizate în evenimente de modeling și și-a încurajat modelele să preia controlul asupra viitorului lor financiar. Modelele, atât bărbați cât și femei, doreau să lucreze cu ea. În schimb, ea a putut să le ofere clienților ei ceea ce își doreau cel mai mult: vânzări. Profesionalismul pe care agenția ei îl aducea la fiecare eveniment a făcut ca atenția să se concentreze pe ceea ce modelează clienții și nu pe modelele în sine.

Amber a început un SoloK și și-a maximizat contribuțiile în primul an. François a luat parte la 401(k) tradițional al companiei sale și și-a maximizat, de asemenea, participarea. Contractul său de muncă nu permitea companiei lui Amber să îl considere un angajat, deși Amber se baza pe expertiza sa pentru a lua decizii de investiții.

Ani mai târziu, Amber și-a invitat modelele la o petrecere la bordul iahtului ei Cruisers Aft Cabin de 36 de picioare. Lui François îi plăcea să găzduiască femei frumoase, deși încă avea ochi doar pentru Amber. A oprit motorul la o distanță sigură de coastă și în ape calme. Modelele făceau plajă, sorbeau, bârfeau și îi jurau credință celui mai bun agent din domeniu. În după-amiaza aceea, playboy-ul multimilionar David și-a lansat Panterele F1 de douăzeci și opt de picioare la viteza sa obișnuită, mai rapid decât oricine altcineva pe apă. Înclinația sa pentru aventuri îndrăznețe și atitudinea sa cavalerească față de oricine îi stătea în cale i-au adus o reputație nesuferită în rândul localnicilor și al Pazei de Coastă americane. Nu-i plăceau proprietarii de ambarcațiuni care stăteau ore întregi pe apă fără să meargă nicăieri. Nici el nu credea că aceștia nu ajungeau nicăieri în viață.

David a observat barca cu cabină care stătea nemișcată și femeile care se distrau. A observat, de asemenea, că nimeni de la bord nu se uita. A decis să se distreze și să le dea o lecție, apropiindu-se suficient de mult pentru a le zgudui lumea cu urma lui. A judecat greșit viteza în curbă, așa cum face cu multe lucruri în viață. Pupa ambarcațiunii sale a lovit puntea din spate a crucișătorului, aruncând pasagerii la pământ sau în mare. Amber s-a lovit cu capul de suportul capotei înainte de a cădea în apă și de a se îneca. David a fost acuzat de omor prin imprudență și neglijență. A angajat cei mai buni avocați ai apărării pe care îi putea oferi Florida și se aștepta să fie găsit nevinovat. Martorii nu au putut să îl plaseze pe David la volan sau să afirme cu certitudine că barca în cauză era a lui David.

Distanța dintre adevăr și dincolo de orice îndoială rezonabilă este uneori mai mare decât distanța dintre rai și iad. David a fost eliberat, fără să se pocăiască sau să se reformeze. Avocații lui François au recomandat o procedură civilă pentru omor prin imprudență. Cu un standard mai puțin grav, ar putea fi suficient pentru a convinge un juriu. Lui François nu i-a păsat. Un juriu nu-i putea oferi ceea ce-și dorea cu adevărat - viața așa cum era cu Amber. Din păcate, viața nu funcționează așa. François l-a dat în judecată. Cazul nu a ajuns pe prima pagină a ziarelor naționale, ca în cazul vedetelor sportive sau al șefilor crimei. François a moștenit compania lui Amber. Știa puține lucruri despre modelling și încă și mai puțin despre clienții lui Amber. A angajat un model cu experiență în afaceri pentru a conduce compania în timp ce el își explora opțiunile.

La câteva luni după moartea lui Amber, François a decis să arunce o privire asupra SoloK-ului ei, deși emoțional voia să ignore planul. Înțelegea investițiile, pentru că le alesese el. Ceea ce nu înțelegea era cum să moștenească activele planului. A sunat administratorul planului, care i-a explicat drepturile sale conform documentelor planului, dar nu a putut răspunde la întrebări juridice specifice. Avocatul a analizat DUP și BPD înainte de consultarea telefonică.

"Pot să păstrez planul așa cum este?".

"Nu, din două motive. Unul este că firma a angajat un angajat cu normă întreagă, astfel încât nu mai sunteți eligibil pentru SoloK. De asemenea, sunteți proprietar al companiei, dar nu angajat al acesteia. Trebuie să reziliați planul sau să îl convertiți într-un 401(k) tradițional."

"Ce se întâmplă dacă decid să păstrez compania și să schimb planul? Pot să păstrez investițiile din plan?"

"Documentele planului vă cer să transferați contul într-un IRA moștenit sau planul va achiziționa o rentă viageră și va începe distribuțiile anul viitor. Asta este tot." Avocatul i-a indicat lui François o secțiune din BPD intitulată "Distribuții la decesul unui participant". Avocatul a continuat. "Secțiunea "Distribuții în natură" prevede că administratorul planului poate, dar nu este obligat să facă în așa fel încât orice distribuire în cadrul acestui plan să fie efectuată într-o formă deținută în fond, sau în numerar, prin conversia activelor fără numerar în numerar sau în orice combinație. Activele care nu sunt în numerar trebuie să fie evaluate de o terță parte înainte de a fi distribuite de către Plan. Dacă doriți să transferați o anumită investiție către o IRA autoadministrată, veți avea nevoie de o evaluare și de aprobarea administratorului planului și a custodelui IRA."

François a rămas tăcut pentru o clipă. Ceva din interiorul lui voia să se deconecteze, să se ascundă, să delege aceste decizii altcuiva sau să le amâne la nesfârșit. Tânjea după circumstanțe care necesitau doar doliu, nu după decizii care să-i fie impuse într-o stare atât de vulnerabilă. Viața nu funcționa așa.

"Pot să transfer activele într-un IRA și să mă ocup mai târziu de asta?".

"Secțiunea "Distribuții în natură" prevede că administratorul planului poate, dar nu este obligat, să facă orice distribuție în cadrul acestui plan într-o formă deținută în trust. Activele, altele decât numerarul, trebuie să fie evaluate de o terță parte înainte de distribuirea din plan. Reînscrieți fiecare activ în numele IRA". Avocatul a vorbit pe scurt despre deținerea activelor într-un SRL sau trust."

Mai multe decizii și François s-a simțit copleșit. IRA-urile autoadministrate nu îl atrăgeau în acel moment. "Am de gând să vând totul și să transfer banii într-o IRA cu o companie de gestionare a banilor. Puteți face asta pentru mine?"

"Te pot ajuta, dar nu pot face asta pentru tine. Numai administratorul planului poate vinde activele. În acest moment, acesta sunteți dumneavoastră. În calitate de beneficiar, tu ești, de asemenea, cel care trebuie să semneze formularul de transfer."

"Vreți să fiți administratorul planului?"

De data aceasta, avocatul a făcut o pauză. Cum să explice? "Nu, asta m-ar pune într-o poziție fiduciară asupra activelor planului dumneavoastră, iar polița mea de asigurare E&O nu acoperă acest lucru." Adevărat, dar irelevant. El ar putea cumpăra un act de fiducie asupra planului dacă ar vrea. Nu-i plăceau actele. Un plan nu ar fi putut, din punct de vedere legal, să-l plătească suficient de mult în calitate de fiduciar pentru a depăși disprețul său față de documente. Dumnezeu să-i binecuvânteze pe administratorii și administratorii fiduciari buni, își recunoștea el însuși aproape zilnic.

"Spuneți administratorului planului că doriți să vindeți activele și să transferați banii într-un IRA. Ei ar trebui să vă ghideze prin tot ceea ce trebuie să faceți. Dacă nu o fac, sună-mă înapoi".

Începeți cu documentele planului: povestea lui Amber și François evidențiază principalele probleme care apar atunci când proprietarul unui SoloK moare în loc să moștenească un IRA. Regulile planului 401(k) permit angajatorilor mai multă flexibilitate decât regulile IRA permit custozilor să controleze alegerile de investiții și opțiunile de distribuire. Planul descris în această poveste se bazează pe un document tipic al planului. Puteți argumenta cu un administrator că reglementările permit X sau Y, dar dacă documentul planului nu permite sau limitează o opțiune la A sau B, atunci asta este ceea ce permite planul. Multe planuri SoloK oferă doar două opțiuni în cazul în care un participant moare înainte de începerea distribuțiilor planului: transferul fondurilor către un IRA moștenit pentru o anumită perioadă de timp sau administratorul va stabili o rentă calificată. Asta este tot! Singura opțiune IRA disponibilă pentru un soț/soție - tratarea unei IRA ca fiind a ta - nu este de obicei permisă în planurile 401(k).

Să aruncăm o privire la un document tipic al planului în această privință. Documentul de bază al planului (BPD) conține o secțiune cu un titlu similar celui de mai jos. Secțiunea poate conține subpuncte precum cele pe care le-am enumerat. Fiecare subpunct este redactat în limbajul avocaților de contract, limbajul oficial al sistemului juridic.

Distribuții la decesul unui participant:

a) Desemnarea unui beneficiar: Participantul poate desemna un beneficiar. Dacă este căsătorit și beneficiarul nu este soțul/soția, soțul/soția trebuie să își dea consimțământul.

b) Plata beneficiarului: Enumeră ordinea standard a beneficiarilor, cum ar fi beneficiarul desemnat, apoi soțul/soția și apoi succesiunea. De asemenea, include detalii privind modul în care se vor face plățile către beneficiarii minori sau incapabili. Poate include, de asemenea, ce se întâmplă în cazul în care un beneficiar refuză.

c) Cererea de distribuire: descrie momentul și modalitatea de transmitere a cererilor de distribuire către administrator.

BPD poate include o secțiune referitoare la diferitele formulare standard de distribuire disponibile. O secțiune tipică ce conține aceste informații este similară cu următoarea.

Forma de distribuire către beneficiari:

a) Valoarea contului individual nu depășește 5.000 de dolari: În mod obișnuit, valoarea implicită este o sumă forfetară. În cazul în care beneficiarul nu solicită o opțiune de distribuire disponibilă într-o anumită perioadă de timp, administratorul poate închide contul prin emiterea unui cec către beneficiar.

b) Valoarea contului individual mai mare de 5.000 de dolari: descrie opțiunea implicită, cum ar fi o rentă viageră cu distribuții plătite pe durata de viață a beneficiarului.

c) Alte forme de distribuire către beneficiar: enumeră alte opțiuni disponibile, cum ar fi un rulaj către un IRA moștenit.

Opțiunile dumneavoastră? Moștenirea unui Solo-K se reduce la trei opțiuni, care pot fi combinate dacă administratorul permite:

1. O distribuție impozabilă: Distribuțiile pot fi făcute în numerar sau sub formă de active evaluate corespunzător, în totalitate sau parțial, cu aprobarea administratorului.

2. Distribuții eșalonate în timp: Administratorul planului nu este obligat să mențină un cont în plan pentru a face plăți în timp, așa cum un custode IRA structurează plățile. În schimb, administratorul planului poate achiziționa o rentă viageră cu impozit amânat cu activele planului (convertite în numerar, dacă este necesar). O anuitate este atât o plată contractuală, cât și o investiție cu o rată a dobânzii stabilită. Dacă doriți plăți în timp, dar nu vă plac ratele dobânzii oferite de anuități, luați în considerare posibilitatea de a transfera banii într-o IRA, care vă permite să faceți alegerile de investiții pe care le doriți (opțiunea 3).

3. 3. Transferul într-un alt cont calificat: Transferurile pot fi efectuate în numerar sau în natură cu aprobarea custodelui actual și a custodelui sau a administratorului planului destinatar.

Dacă alegeți opțiunile 1 sau 2 de mai sus, administratorul va trebui să vă furnizeze câteva formulare pe care să le semnați și să se ocupe de restul. Dacă alegeți opțiunea 3, va trebui să decideți cum doriți să investiți fondurile, să alegeți un custode potrivit pentru opțiunile dumneavoastră de investiții și să completați formularele necesare pentru administrator și custode.

Întrebare test: Paris a moștenit un SoloK de la tatăl său. Să crești cu numele Paris poate părea interesant astăzi, dar în copilărie, Paris era tachinat pentru numele său androgin și i se amintea de către colegii de clasă că faimosul Paris din istoria (sau mitologia) greacă a răpit soția altui bărbat, începând un război de zece ani cu Troia. Sistemul nostru de învățământ public preda literatura greacă clasică în școlile primare și latina în liceu, ca cerințe obligatorii pentru absolvire. Dar tatăl său i-a spus să ignore aceste provocări. "Comentarii de cal troian", le-a numit el. Îi plăcea să audă povestea despre cum tatăl ei și-a întâlnit mama la Paris: "La ville d'amour". Mama ei, care purta numele unei prințese celtice, a murit tânără, când Parisul era suficient de mare pentru a-și face amintiri frumoase, dar era încă suficient de tânără pentru a fi tristă atunci când o tânără își dorește o mamă care să o ghideze. Mama ei i-a spus odată că se născuse în Statele Unite, dar fusese crescută la Paris, ceea ce făcea ca numele ei să fie special. Afecțiunea mamei sale i-a alinat rănile provocatoare. Durerea emoțională poate răni mai adânc și mai mult timp decât escoriațiile fizice. Tatăl lui Paris, căsătorit pentru totdeauna cu răposata lui soție, a crescut-o cu o dragoste și un devotament care se întâlnesc adesea la bărbații din această circumstanță neobișnuită și rareori în afara ei. Îi lipsea teribil de mult. Deoarece nu avea nicio participație în afacerea lui și nu lucra pe cont propriu, ea a decis să solicite un transfer la un custode IRA care permitea investiții auto-direcționate. În timp ce tatăl ei prefera imobiliarele, Paris dorea să creeze microcredite pentru persoanele cu idei creative care să facă lumea mai bună. Idei care includeau o modalitate de a-și plăti IRA cu o rată a dobânzii decentă.

Paris a deschis un IRA moștenit. Ea a decis să nu folosească un SRL sau un trust sub IRA, preferând să plătească taxele necesare pentru ca depozitarul să semneze documentele de împrumut, să proceseze actele și să colecteze plățile. Câștigurile IRA s-au acumulat la o rată nominală a dobânzii. Ea a continuat să facă împrumuturi pe măsură ce fondurile se acumulau, menținând soldul de numerar al IRA la un nivel minim.

Administratorul a pregătit documentele necesare pentru ca ea să vândă activele SoloKs și să depună banii în contul bancar al planului. Apoi a lucrat cu ea pentru a transfera fondurile către depozitarul IRA. În secțiunea IRA moștenită din documentația custodelui, ea a indicat că contul original era "nu era în distribuție" și a selectat "plăți unice pe viață în funcție de vârsta mea". Paris a fost surprinsă când depozitarul a contactat-o în anul următor pentru a-i reaminti să primească un RMD înainte de 31 decembrie. Ea a crezut că expresia "în funcție de vârsta mea" însemna că nu trebuia să înceapă să primească RMD-uri până la împlinirea vârstei de 70½ ani. Depozitarul i-a spus că opțiunea sa a schimbat doar valoarea RMD, nu și termenul limită. Contul ei nu avea suficienți bani pentru a primi RMD. Care dintre următoarele situații este interzisă?

1. Obligarea unui beneficiar de microcredite să efectueze o plată anticipată a principalului.

2. 2. Retragerea RMD de la o altă IRA.

3. Transferul de fonduri calificate suplimentare dintr-o altă sursă.

4. Efectuarea unei distribuții în natură.

Răspuns: Deși normele prevăd că se calculează un RMD pentru fiecare IRA, puteți primi RMD din orice IRA. Opțiunea 2 funcționează dacă Parisul are o altă IRA cu bani disponibili. Opțiunea 3 funcționează, de asemenea, dacă aceste fonduri sunt disponibile. Opțiunea 4 este mai frecventă în cazul bunurilor imobiliare, dar poate funcționa pentru Paris dacă depozitarul o permite. Opțiunea 1 nu este permisă.

Capitolul 14: Moștenirea unui SoloK cu un SRL sau un trust

Să punem restul pieselor SoloK în perspectivă. Deoarece SoloK permite deja AO să semneze conturi în numele planului, majoritatea AO SoloK nu folosesc un SRL sau un trust în planul lor. Cei care integrează subentități folosesc mai multe pentru protecția activelor sau pentru a simplifica problemele de transfer sau distribuție.

Un AO SoloK din apropierea biroului meu a auzit de serviciile mele juridice și a vrut să-mi prezinte o idee. Ne-am întâlnit la o cafea la un Starbucks. Prefer cafenelele locale, dar Starbucks este cel puțin ușor de găsit. Prezența lor omniprezentă în nord-vestul SUA este o lecție de precizie, deoarece de mai multe ori am așteptat într-unul dintre ele și am primit un e-mail sau un apel pe telefonul mobil de la o locație din apropiere, întrebându-mă dacă sunt pe drum. Acest client a vrut să înțeleagă cum funcționează finanțarea cu SoloKs. El știa că UDFI nu se aplică planului său așa cum se aplică unui IRA și că nu poate garanta un împrumut. Nu știa dacă să obțină împrumutul de la SoloK-ul său sau de la SRL-ul care va deține proprietatea.

Stăteam afară în tricouri de golf cu mâneci scurte, bucurându-ne de o zi caldă și însorită de primăvară în nord-vestul SUA, o zi cu care nu ne lăudăm în fața celor din afara regiunii, pentru că avem mai mult decât destui oameni care se mută aici, în ciuda reputației noastre nu prea meritate de cer cenușiu și ploaie. În timpul conversației, am aflat că deținea trei proprietăți împreună cu SoloK, toate într-un singur SRL. El dorea să adauge încă o proprietate în cadrul aceluiași SRL, de data aceasta folosind finanțarea pentru a finaliza achiziția. La jumătatea drumului meu grande triple-shot cu lapte de migdale, l-am întrebat de ce folosea o LLC. A luat o înghițitură din cafeaua sa neagră, înainte de a răspunde. Eu nu judec oamenii după băuturile lor cu cofeină. Whisky, poate, dar nu și cafea.

"Pentru protecția activelor".

Un răspuns direct, cel la care mă așteptam. Răspunsul lui mi-a spus că nu înțelegea pe deplin conceptul de protecție a activelor. Creditorii care câștigă o hotărâre judecătorească în instanță pot atașa acea hotărâre la bunurile debitorului. Această sechestrare poate avea ca rezultat o poprire asupra conturilor bancare sau financiare, un drept de retenție asupra bunurilor imobiliare, o înregistrare în Codul comercial uniform (UCC) asupra echipamentelor sau alte opțiuni disponibile, în funcție de active.

Aşteptaţi-vă să aveţi două sau mai multe SRL-uri sau trusturi: Atunci când discut cu oamenii despre protecţia activelor, disecăm elementele unui proces. Acest lucru ne conduce la analiza activelor care ar putea fi sechestrate pe baza acelui proces. Am început cu ce s-ar întâmpla dacă un chiriaş ar da în judecată un chiriaş pentru leziuni suferite pe proprietatea deţinută de LLC-ul său SoloK. El era îngrijorat de acest proces. Dacă ar fi câştigat, ar putea obţine o hotărâre împotriva lui personal? Împotriva locuinţei sale? Împotriva unei alte proprietăţi de închiriat?

Luaţi în considerare situaţia în care SoloK este investit într-o societate al cărei semnatar autorizat este AO. Ce se întâmplă, dacă se întâmplă ceva, în acest aranjament atunci când un proces intră în scenă? Primul proces - unul împotriva lui personal, care nu are legătură cu un contract de închiriere. Am prezentat un incident cu un vehicul care a implicat vătămări corporale semnificative, de genul celor pe care cineva le-ar putea suferi dacă F-250-ul său ar lovi un Smart Car la 15 mile pe oră. Am râs. M-am uitat în jur să văd dacă mă asculta vreun proprietar de Smart Car.

"Corect, avem o hotărâre judecătorească împotriva dumneavoastră personal. Pot să o ataşeze la contractele de leasing?".

"Nu."

"Da! De ce nu?"

"Din cauza SRL-ului."

"Greşit. Din cauza lui SoloK."

Dacă deține personal SRL-ul, are dreptate că o hotărâre judecătorească împotriva sa nu ar putea fi atașată direct la proprietate, deoarece proprietatea este deținută de SRL. Cu toate acestea, instanța ar putea permite ca creanța să fie atașată la participația pe care o deține în cadrul LLC. Acest lucru face ca creditorul să controleze LLC și să vândă activele acesteia pentru a satisface hotărârea judecătorească. Dacă cineva poate atașa o hotărâre judecătorească personală împotriva activelor SoloK ale altcuiva este o chestiune care ține de legislația federală ERISA. În general, acest lucru nu este permis.

Al doilea proces - un chiriaș îl dă în judecată cu succes pe proprietar pentru o vătămare suferită pe proprietate. La ce active poate atașa hotărârea judecătorească? Proprietatea unde locuiește chiriașul? A dat din cap.

Casa dumneavoastră? A clătinat din cap. Bun răspuns!

Celelalte două proprietăți? Conceptul se potrivea la locul lui. S-a încruntat, apoi a dat încet din cap.

"Managerul mi-a spus că ar putea crea un nou SRL pentru fiecare achiziție, dar voiau 500 de dolari. Am refuzat. Nu am înțeles de ce. Nu mi-au explicat. Mi-aș fi dorit să te fi cunoscut mai devreme".

I-am spus că vestea bună era că, fără să știe despre un posibil proces împotriva proprietăților, putea totuși să le separe și să creeze protecția activelor pe care o dorea. Singurul său venit la pensie, în afară de ajutorul social, ar proveni din aceste proprietăți de închiriat. Era îngrijorat de posibilitatea de a le pierde din cauza unui incident. El credea, în mod eronat, că o singură SRL ar împiedica un proces să îi șteargă veniturile de la pensie. I-am recomandat, de asemenea, să discute cu agentul său de asigurări de proprietate despre o poliță de răspundere civilă generală care l-ar proteja până la limitele poliței în cazul în care ar pierde o singură proprietate. Ideea i-a plăcut foarte mult. Zâmbetul său a revenit. În cele din urmă, am răspuns la întrebarea pentru care mă sunase să discutăm.

"Creați un al patrulea SRL pentru noua proprietate și obțineți împrumutul fără recurs prin intermediul acelui SRL."

Acum înțelegea de ce. M-a plătit pentru o oră de consultanță și a plecat, fericit că m-a cunoscut. Am rămas câteva momente, bucurându-mă de soarele cald și de sentimentul pe care îl am când ajut oamenii să își atingă obiectivele.

Personal, aș folosi mai multe SRL-uri într-un SoloK pentru a separa bunurile imobiliare în scopul protejării activelor? Probabil că nu. Ceea ce aș face eu nu este un considerent important atunci când am de-a face cu clienții. Îi ajut pe oameni să doarmă mai bine noaptea. Dacă oamenii își pierd somnul pentru că sunt îngrijorați, iar structurarea activelor lor într-un anumit mod îi ajută să doarmă mai bine, atunci soluția respectivă este răspunsul potrivit pentru ei. Dacă instrumentele juridice nu pot rezolva grijile cuiva, pot recomanda cartea lui Dale Carnegie "How to Stop Worrying and Start Living".

Trei decizii de moștenire reafirmate: La nivelul SoloK, cele trei opțiuni de moștenire sunt o distribuție impozabilă, o rentă viageră cu impozit amânat sau un transfer într-un cont calificat. Achiziționarea unei anuități necesită bani. Companiile de asigurări de viață nu acceptă anumite investiții sau o investiție parțială în schimbul unei anuități. Opțiunea de rentă viageră dintr-un SoloK nu este concepută pentru beneficiari, ci este o modalitate prin care administratorii de planuri pot scoate un plan din evidențele lor atunci când un AO SoloK moare și succesiunea sau beneficiarii desemnați nu răspund. Cele mai multe documente SoloK permit distribuții și transferuri în orice combinație de numerar, una sau mai multe investiții și o întreagă subentitate.

Distribuirea unei investiții specifice sau a unui întreg SRL sau trust necesită aprobarea administratorului planului. Transferul unei investiții specifice sau al unui întreg SRL sau trust necesită aprobarea administratorului planului și a custodelui destinatar. Administratorul planului se poate ocupa de toate tranzacțiile planului sau poate modifica documentele planului pentru a autoriza beneficiarul să semneze pentru plan. Documentele LLC sau ale trustului pot, de asemenea, să trebuiască să fie modificate astfel încât beneficiarul să devină semnatarul autorizat al subentității.

În cazul în care un întreprinzător individual decedează, întreprinderea individuală trebuie închisă. Închiderea oricăror investiții, SRL-uri sau trusturi din cadrul SoloK depinde de alegerea beneficiarului și de documentele planului. Documentele planului pot permite unui beneficiar să primească un SRL sau un trust ca distribuție impozabilă sau să transfere active care nu sunt în numerar, cu aprobarea suplimentară a custodelui destinatar.

Distribuirea sau transferul unui LLC sau al unui trust, mai degrabă decât al investițiilor subiacente, permite subentității să continue să dețină investițiile. Subentitatea poate rezolva problemele legate de activele nelichide. Proprietarii de fonduri individuale ar trebui să ia în considerare un LLC sau un trust pentru activele care nu pot fi vândute sau transferate rapid în cazul în care li se întâmplă ceva.

Distribuirea sau transferul banilor: Pașii pentru a transfera bani de la un SoloK la un IRA includ deschiderea unui cont IRA moștenit la furnizorul dumneavoastră, solicitarea administratorului de a modifica toate documentele planului astfel încât să puteți semna pentru plan, transformarea tuturor activelor planului în numerar, depunerea banilor într-un cont al planului, precum și completarea și prezentarea tuturor documentelor solicitate de administratorul planului și de depozitarul IRA pentru a transfera fondurile.

Distribuirea sau transferul unui activ fără numerar: De ce doriți să păstrați o anumită investiție? Poate că investiția este contractuală, cum ar fi un împrumut, iar termenii contractului nu permit creditorului să răscumpere biletul. Sau poate că nu există o piață curentă pentru investiție, cel puțin nu la un preț pe care beneficiarul este dispus să îl vândă. Contactați administratorul planului și anunțați-l că doriți să distribuiți sau să transferați o anumită investiție pe care planul o deține direct sau prin intermediul unui SRL sau al unui trust. Urmați instrucțiunile acestuia. În cazul în care investiția este deținută de o subentitate, majoritatea administratorilor vor solicita ca investiția să fie mai întâi transferată de la subentitate la SoloK, deoarece normele prevăd că distribuția sau transferul trebuie să provină de la SoloK. Acest transfer poate necesita crearea unui cont pentru SoloK la aceeași instituție, cesionarea unui împrumut sau actualizarea unei înregistrări de proprietate. Repetați pasul în numele dumneavoastră pentru o distribuție sau în contul eligibil pentru un transfer.

Pentru unele active, pașii depind nu numai de entitatea care deține activul, ci și de modul în care acea entitate deține activul. De exemplu, dacă SRL-ul din cadrul SoloK deține acțiuni printr-un cont de brokeraj, administratorul poate permite ca activele din cont să fie transferate în natură într-un cont deținut de SoloK. Dacă acțiunea este o achiziție de plasament privat evidențiată doar printr-un certificat de acțiuni, atunci acțiunea însăși trece prin aceste etape. Dacă un activ este deținut de un trust în SoloK și doriți să îl transferați la un LLC într-un nou IRA, activul va trece la SoloK, va fi transferat în noul IRA și apoi va trece la LLC. Fiecare etapă are propriile documente. Știu cât de mult iubim cu toții hârțogăraia. Dacă aveți nevoie de ajutor, cereți. Începeți cu administratorul planului dumneavoastră sau cu depozitarul IRA.

Întrebare test: Juan avea o companie de succes de design grafic și tipografie într-un mic oraș din Midwest. După un divorț complicat, și-a mutat compania într-un oraș mai mare pentru a economisi bani. Se certau mereu din cauza banilor. Cei doi copii de vârstă școlară au rămas cu fosta soție, Charlotte, și îl vizitau la fiecare două weekenduri și în timpul vacanțelor școlare. Juan s-a alăturat Camerei de Comerț și Clubului Rotary din oraș. În curând a câștigat respectul și recunoașterea unei comunități în care afacerile încă se făceau cu o strângere de mână. Juan a sponsorizat echipa de fotbal a liceului local și o echipă din Liga Mică, desenând gratuit toate logo-urile acestora. Acest lucru l-a ajutat să păstreze legătura cu copii de aceeași vârstă cu fiul și fiica sa. Copiilor săi le plăcea să ia parte la evenimente pentru a susține liceul local, ceea ce nu era atât de obișnuit în orașul lor cu mai multe licee în apropiere. Charlotte chiar i-a vizitat ocazional, comentând favorabil viața în ritmul unui restaurant de suflet. Clienții urbani ai lui Juan au rămas cu el. Datorită internetului, care părea de asemenea mai lent în mediul rural, Juan își putea oferi serviciile și produsele aproape oriunde. El a continuat să-și finanțeze SoloK. Când SoloK-ul său a putut să plătească, a cumpărat o casă de închiriat în oraș și a devenit proprietar.

A sunat clopoțelul de deasupra ușii din fața biroului său. Juan s-a uitat în sus. Pentru o clipă, timpul a părut să se oprească, sau inima i-a sărit o bătaie, sau a încetat să mai respire. Apoi și-a revenit profesionalismul. Cu un zâmbet puțin mai larg decât de obicei, a întrebat: "Cu ce vă pot ajuta?".

Numele ei era Amy și se muta în oraș pentru a începe să predea la liceu. Văzuse anunțul lui și dorea să vadă casa de închiriat. I-a înmânat un formular de cerere, a făcut un mic proiect în timp ce ea îl completa și apoi a condus-o la casă, lăsând pe ușă un semn cu "întoarce-te în 30 de minute". Treizeci de minute s-au transformat în șaizeci, apoi în nouăzeci, în timp ce își continuau conversația la prânz. Un restaurant local pretindea că este "faimos", iar altul "premiat". Juan bănuia că nu existau date care să susțină niciuna dintre aceste afirmații, dar, așa cum își amintea mereu, așa este viața într-un mic oraș din Midwest.

În decurs de o lună, Amy făcea parte din inima lui Juan și, un an mai târziu, din casa lui ca soție. Juan a încercat să o convingă să se mute înainte de nuntă pentru a evita o tranzacție interzisă dacă ar fi rămas în casă după aceea. Ea a clipit și i-a spus că nu acela era scandalul pe care voia să-l evite. Au ajuns la un compromis acceptabil, așa cum făceau la fiecare dezacord. Îi plăcea asta la relația lor, la ea. În fiecare zi, indiferent de vreme, de soldul său bancar sau de știrile din oraș sau din capitală, Juan se simțea binecuvântat. A pus un nou afiș în biroul său, afișat la loc vizibil pentru oricine trecea pe lângă ușă: "Viața nu poate fi mai bună de atât".

Într-o întorsătură a sorții mai des întâlnită în dramele shakespeariene decât în micile orașe din Midwest, Juan a căzut de pe o scară în timp ce bătea în cuie cârlige pentru luminițele de Crăciun. Ciocanul, aflat încă în mână, i-a străpuns pieptul în timp ce cădea la pământ. Prima căsnicie a lui Amy s-a încheiat prea devreme, indiferent de standarde. Majoritatea sfaturilor primite de la prietenii bine intenționați nu au ajutat-o. Asigurările că timpul vindecă toate rănile fac prea puțin pentru a consola o inimă frântă în prezent. Este cu adevărat mai bine să fi iubit și să fi pierdut? Amy nu credea că da. Dar viața merge mai departe.

În cele din urmă, rezolvarea problemei lui SoloK s-a mutat în fruntea listei ei de lucruri de făcut. A descoperit un formular de beneficiar în care era trecută Charlotte. Nu a putut găsi un ordin calificat de relații domestice (QDRO) în actele de divorț ale lui. Amy știa că el nu semnase un formular de consimțământ care să numească un alt beneficiar. Cine moștenește SoloK și casa sa de închiriat din oraș?

1. Charlotte, deoarece ea este beneficiarul desemnat.

2. Charlotte, în absența unui QDRO.

3. Amy, în calitate de soție actuală a acestuia.

4. Amy, pentru că nu a semnat un formular de consimțământ.

5. Nu sunt suficiente informații.

Răspuns: În istoricul testelor mele, răspunsul "nu sunt suficiente informații" a fost rareori corect. Cu toate acestea, este corect pentru această întrebare. Trebuie să începem cu documentele planului. Nu știm ce stabilește DUP-ul dvs. în cazul în care AO divorțează. Un SPD comun de la SoloK acordă fostului soț dreptul de a moșteni întreaga dată a divorțului. Un altul nu menționează cuvântul divorț, dar se referă la un QDRO în legătură cu un fost soț. În acest scenariu, primul plan i-ar plăti lui Charlotte valoarea de la data divorțului; al doilea i-ar plăti lui Charlotte jumătate din valoarea de la data decesului. Partea neplătită în ambele scenarii ar putea depune o cerere împotriva administratorului planului. O cerere nesoluționată ar putea ajunge în instanță. Instanța poate lua în considerare și alți factori, dar, în absența unor dovezi convingătoare care să demonstreze contrariul, instanța se va baza pe documentele planului.

Alți factori pot include:

- Valoarea planului la momentul căsătoriei și al divorțului.

- Dacă Juan și Charlotte au discutat despre un QDRO, iar Juan a decis că nu este necesar sau dacă nu s-au gândit la acest lucru în încercarea de a economisi bani în comparație cu angajarea unui avocat de divorț.

- Dacă Juan a modificat sau nu alte documente, cum ar fi testamentul său sau polița de asigurare de viață, cu cât mai multe elemente a modificat, cu atât mai probabil că a intenționat să îi lase SoloK lui Charlotte.

- Cu cât a trecut mai mult timp de la divorț fără ca Juan să își modifice BDF, cu atât mai probabil că a intenționat să i-l lase Charlottei.

Sistemul nostru juridic folosește metode metodice și previzibile pentru a rezolva problemele. Sistemul nostru nu le permite judecătorilor să ia decizii bazate exclusiv pe propria lor înțelepciune solomonică. Juan ar fi putut schimba BDF-ul său pentru a menționa copiii săi, un trust pentru copiii săi, o organizație de caritate sau orice alte posibilități. În momentul în care Juan și-a creat SoloK, el și-a indicat intenția de a lăsa activele planului lui Charlotte, așa cum reiese din BDF semnat. Juan nu a creat nicio dovadă care să indice un rezultat diferit. Răspunsul este stabilit de documentație: BDF (despre care știm) și SPD (despre care nu știm în această întrebare).

Verificați cu regularitate BDF-urile pe conturile care le folosesc. Poveștile adevărate nu au întotdeauna finaluri fericite. Unii oameni ar putea crede că Amy ar putea păstra BDF pentru o vreme și să vadă dacă Charlotte menționează SoloK. Dacă nu, să facă să dispară BDF-ul. Da, Amy ar putea face asta. Faptul că Charlotte are o copie a BDF este o posibilitate îndepărtată, în cel mai bun caz. Depinde de tine dacă această acțiune este legală sau dacă este cel mai bun lucru de făcut. Dacă vreți să vă asigurați că activele SoloK ajung la beneficiarii lor, împărtășiți BDF-ul actual cu aceștia.

Capitolul 15: Moștenirea unui start-up de transfer de întreprindere - Configurarea de bază a unui start-up de transfer de întreprindere (ROBS)

Unii antreprenori își finanțează noile afaceri cu propriile fonduri de pensii, un mecanism de finanțare pe care IRS îl numește roll-over business startup (ROBS). Opiniile privind legalitatea strategiei ROBS variază de la flagrant ilegală, la atât de complexă încât ar trebui evitată, la atât de simplă încât antreprenorul trebuie doar să plătească un promotor și să semneze câteva formulare. Nu există o normă unică, specifică, care să definească o abordare ROBS și nici una care să o interzică. În schimb, strategia utilizează norme din diverse surse care, atunci când sunt puse împreună în structura corectă, permit persoanelor fizice să investească propriile fonduri de pensii într-o companie care le angajează fără a crea o tranzacție interzisă sau o distribuție impozabilă. Acest capitol nu va transforma pe nimeni într-un expert în ROBS, dar ar trebui să ofere tuturor suficiente informații pentru a ști cum să moștenească în mod corespunzător o afacere finanțată prin ROBS sau să o structureze astfel încât să fie moștenită așa cum dorește AO.

Tranzacțiile ROBS implică, de obicei, următoarele etape secvențiale:

1. 1. Se formează o nouă corporație sau se folosește una existentă;

2. Această corporație angajează clientul, care poate face parte din consiliul de administrație și poate fi director;

3. Corporația adoptă un plan 401(k) care permite în mod explicit participanților la plan să își investească fondurile calificate în acțiuni ale angajatorului;

4. Întreprinzătorul, în calitate de angajat, inițiază un transfer direct sau un transfer de la un administrator la altul din planul său de pensii calificat existent la planul nou creat;

5. Angajatul-antreprenor investește fondurile planului 401(k) pentru a achiziționa acțiuni ale companiei la o valoare care îndeplinește standardele unei contraprestații rezonabile;

6. Întreprinzătorul deține sau dobândește personal acțiuni ale societății în schimbul unor investiții directe în societate, al unor active transferate către societate sau ca rambursare a costurilor de înființare;

7. Corporația utilizează fondurile investite pentru a cumpăra o companie existentă, pentru a înființa o nouă companie sau pentru a adăuga capital suplimentar la o companie existentă.

Fiecare etapă este importantă într-o structură ROBS adecvată. Dacă se sare peste orice etapă, investiția poate fi reconstituită de către IRS ca o tranzacție interzisă (PT). IRA-urile și SoloK-urile pot investi în societăți comerciale. Diferența constă în faptul că societatea poate și, de fapt, este obligată să angajeze AO. În cazul unui ROBS, relația de angajare nu este o tranzacție interzisă, în timp ce în cazul unui IRA sau SoloK, investiția într-o societate care angajează AO ar putea descalifica contul AO. Care este diferența? Deși toți pașii sunt necesari, unul dintre ei este cheia pentru a explica de ce această configurație permite investiția, iar celelalte două nu. Să sperăm că pasul numărul este evident. Dacă nu, încercați să determinați care este această etapă înainte de a citi pagina următoare. 29 USC § 1108 (ERISA) adaugă mai multe excepții la regulile PT. Scutirea (e) prevede că regulile privind tranzacțiile interzise nu se aplică atunci când planul achiziționează sau vinde titluri de valoare calificate ale angajatorului dacă achiziția sau vânzarea se face în schimbul unei contraprestații rezonabile, nu se percepe niciun comision și planul este un plan de cont individual eligibil.

Baza de reglementare pentru un aranjament ROBS este etapa a treia, adoptarea unui plan de cont individual eligibil care permite, în documentele planului, investirea fondurilor calificate în valori mobiliare ale angajatorului.

"Foarte ușor!", s-ar putea gândi cineva. Cineva poreclit Buck, de exemplu, pentru că îi place să păcălească sistemul. "A lua scurtături este cheia pentru a avansa", spune el oricui vrea să asculte. "O să sun la compania mea de servicii financiare, TMR, și o să le spun că vreau un plan 401(k) pentru compania mea!"

Da, TMR oferă planuri 401(k). Nu, TMR nu percepe o taxă de instalare pentru planurile sale.

Buck semnează documentele furnizate de TMR pentru a înființa un plan 401(k) pentru compania sa. Apoi își transferă contul IRA într-un cont din plan. Apoi îi cere reprezentantului contului său să îl ajute să investească fondurile în propria companie.

"Nu pot face asta, Buckaroo", răspunde reprezentantul, râzând singur la ceea ce crede că este o întrebare amuzantă.

Lui Buck nu i se pare amuzantă. "De ce naiba nu? Pentru ce vă plătesc?", uitând probabil că nu a plătit nimic.

"Din două motive. În primul rând, nu suntem autorizați să facilităm tranzacții cu valori mobiliare neînregistrate. Acțiunile dumneavoastră nu sunt înregistrate. Nu vă putem ajuta să le cumpărați, nici măcar prin intermediul planului dumneavoastră. Și doi... (o altă glumă, cel puțin în mintea reprezentantului, cu o pauză dramatică pentru a o întări), regulile prevăd că nu se poate primi niciun comision pentru o tranzacție QES. Noi nu oferim planuri gratuite doar pentru a-i determina pe oameni să transfere bani într-un activ pe care nu îl putem deține prin intermediul unei tranzacții pe care nu o putem monetiza. Planul dvs. vă permite să vă investiți banii pentru pensie în orice investiție pe care o oferim."

Acesta este exact motivul pentru care promotorii ROBS percep comisioanele pe care le percep pentru a înființa un aranjament ROBS și de ce procesul lor lasă la latitudinea clientului să își găsească propriul cont de investiții pentru investițiile în planuri non-QES după ce QES-ul inițial este tranzacționat printr-un cont bancar și apoi închis. Dar am divagat. Cel mai simplu aranjament ROBS implică o corporație cu doi acționari: planul și AO, și un plan 401(k). În cazul în care AO moare, BDF (sau implicit planul, dacă nu există BDF) controlează cine moștenește acțiunile planului, în timp ce testamentul AO (sau regulile de intestație ale statului, dacă nu există un testament) controlează cine moștenește acțiunile personale. Atât acțiunile planului, cât și acțiunile personale pot ajunge în mâinile aceleiași persoane, dar prin canale diferite și în categorii fiscale diferite.

Acțiunile planului sunt moștenite într-un statut fiscal favorabil. Valoarea contului este inclusă în masa succesorală brută în scopul impozitului pe succesiune. Contul nu face obiectul procedurii succesorale decât dacă BDF numește succesiunea ca beneficiar sau dacă documentele planului nu sunt livrate succesiunii și nu se poate găsi niciun BDF. Acțiunile personale sunt transferate cu o creștere a bazei de calcul, fără ca moștenitorul să plătească impozit. Valoarea acțiunilor este, de asemenea, inclusă în formula de calcul a impozitului pe moștenire. Aceste acțiuni sunt susceptibile de a fi supuse procedurii de succesiune, dispoziția lor fiind controlată prin testamentul defunctului.

Spre deosebire de SoloKs, multe planuri 401(k) tradiționale, inclusiv cele pe care le creăm pentru clienții noștri ROBS, permit unui soț sau unui beneficiar care nu este soț să lase active în cadrul planului 401(k). Un beneficiar desemnat de soțul supraviețuitor poate alege să amâne distribuirile obligatorii din planul 401(k) moștenit până în anul în care soțul supraviețuitor împlinește vârsta de 70½ ani. În esență, soțului supraviețuitor i se permite să trateze planul ca fiind al său, chiar dacă nu este angajat al companiei.

Beneficiarii care nu sunt soți pot lăsa active în plan dacă planul permite acest lucru. În cazul în care persoana decedată primea deja distribuții, distribuțiile trebuie să continue cel puțin în ritmul în care aveau loc înainte de deces. În cazul în care distribuțiile nu au început, beneficiarul poate alege să primească întreaga sumă pe o perioadă de maximum cinci ani sau plăți anuale în funcție de speranța sa de viață. Angajatorii pot avea perioade obligatorii de distribuire mai scurte. Dacă acest lucru are sens, încercați să vă dați seama ce se întâmplă dacă adăugăm o complicație.

Întrebare test: Frankie și Johnnie sunt parteneri. Spre deosebire de personajele dintr-un cântec popular de la începutul secolului XX, devenit celebru într-un film cu Elvis din 1966, Frankie și Johnnie sunt bărbați, nu iubiți. Cel puțin nu unul cu celălalt. Ei au investit suficiente fonduri calificate printr-un plan ROBS și contribuții personale în acțiuni ale companiei astfel încât fiecare dintre ei să controleze 50 %. Frankie i-a impresionat pe clienți, în timp ce Johnnie a depășit concurența. Împreună, au transformat compania într-o întreprindere extrem de profitabilă, cu peste o sută de angajați.

Johnnie s-a căsătorit cu Nellie după o scurtă logodnă. Frankie a încurajat relația, raționalizând că dacă Johnnie petrecea doar treizeci de minute pe zi cu Nellie, ar fi fost treizeci de minute în care Johnnie l-ar fi lăsat în pace. Cerințele lui Johnnie puteau continua până la nausee: "Trebuie să facem X imediat!" "Acest client are nevoie de urmărire!" "Concurentul nostru tocmai a lansat ceva nou, așa că avem nevoie de..."

După nuntă, Johnnie a pregătit un testament prin care îi lăsa averea lui Nellie. De asemenea, și-a actualizat BDF-ul pentru a o numi pe Nellie ca beneficiar al planului său. Frankie și Johnnie au semnat un contract de vânzare-cumpărare (PSA) redactat de un avocat local, care includea o clauză standard conform căreia, dacă unul dintre ei murea, celălalt avea dreptul de a cumpăra acțiunile partenerului decedat. Corporația a cumpărat o asigurare de viață pentru fiecare partener pentru a finanța cumpărarea PSA. Societatea este beneficiarul poliței.

Haideți să rescriem cântecul popular și să-i oferim lui Johnnie o viață lungă și fericită alături de Nellie. El nu i-a făcut nimic rău lui Frankie, iar Frankie nu l-a împușcat. Ipotetic, ceea ce poate părea redundant într-o ipoteză, ce se întâmplă dacă Johnnie moare? Ce ar trebui să se întâmple cu acțiunile din plan deținute de FBO-ul lui Johnnie?

1. Frankie este proprietarul.

2. Planul deține acțiunile din FBO-ul lui Frankie.

3. Planul deţine acţiuni la FBO Nellie.

4. Acţiunile sunt retrase.

Răspuns: Cititorii inteligenţi vor observa o discrepanţă între limbajul din PSA, care îi conferă supravieţuitorului dreptul individual de a cumpăra acţiunile, şi societatea care primeşte fondurile. Primiţi o stea de aur. Compania de asigurări plăteşte societatea. Apoi, corporaţia plăteşte succesiunea lui Johnnie pentru acţiunile deţinute personal de acesta şi planul 401(k) pentru acţiunile deţinute de FBO-ul lui Johnnie. Apoi, corporaţia încasează acţiunile prin anularea certificatelor. Nellie moşteneşte bunurile lui Johnnie şi contul din plan. Frankie controlează acum 100% din titlurile în circulaţie. Răspunsul corect este 4.

Acest scenariu ridică alte întrebări:

Ce se întâmplă dacă Nellie vrea să vândă acţiunile şi Frankie nu le poate plăti? Poate să le vândă altcuiva?

Ce se întâmplă dacă Frankie vrea să cumpere acţiunile din plan şi poate plăti pentru ele, dar Nellie nu vrea să le vândă?

Ce se întâmplă dacă documentele planului ei nu permit activele neangajaţilor, dar nu există niciun cumpărător pentru acţiuni?

În cazul unui IRA şi al unui SoloK, moşteniţi contul calificat. Această moştenire poate lua forma continuării contului calificat, a transferului activelor într-un nou cont calificat sau a primirii unei părţi din active ca distribuţie impozabilă. În cazul unui ROBS, moştenirea include acţiunile companiei deţinute personal şi contul 401(k), care conţine acţiuni suplimentare ale companiei și, eventual, alte active, cum ar fi fondurile mutuale. Următoarele capitole abordează pe rând trei opțiuni: Păstrarea companiei și a planului, Păstrarea companiei și rezilierea planului și Rezilierea companiei și a planului.

Capitolul 16: ROBS: Păstrarea celor două uși și a avionului deschis

În acest capitol, vom analiza deciziile de care trebuie să ținem cont atunci când moștenim o companie finanțată prin ROBS. Acest exemplu se bazează pe un restaurant etiopian deținut de o familie. Apropo, dacă nu ați luat încă masa într-un astfel de restaurant, vă recomand cu tărie să vizitați unul. Experiențele mele culinare preferate sunt restaurantele de familie, populare la nivel local, unde mâncarea depășește așteptările, iar familia îi tratează pe clienți ca pe niște oaspeți în casa lor. Ora cinei este aglomerată, dar proprietarii își fac timp să treacă pe la fiecare masă. Atunci când sunt întrebați dacă totul este în regulă, ei vor să știe adevărul și vor îndrepta lucrurile dacă cineva este dezamăgit. Trecerea în neființă a unui proprietar principal este destul de stresantă pentru aceste restaurante de familie. Din păcate, un acord ROBS adaugă și mai multe complicații. Din fericire, cunoașterea pașilor corecți și adresarea întrebărilor potrivite pot atenua aceste îngrijorări.

Gondar și Jahzara s-au cunoscut în Statele Unite. Amândoi au emigrat din Etiopia cu vize EB pentru a lucra pentru o companie de design de găzduire web. Fiecare dintre ei a participat la planul 401(k) al companiei. După cinci ani, fiecare dintre ei a solicitat cu succes cetățenia americană. S-au căsătorit și au decis să își părăsească locurile de muncă din companii pentru a deschide un restaurant etiopian. Având puține credite pentru un împrumut bancar, s-au bazat pe linia de credit ROBS pentru a finanța restaurantul. Oamenii au apreciat mâncarea și atmosfera confortabilă. Afacerea lor a prosperat.

Nu uitați, totuși, că este responsabilitatea dumneavoastră să vă asigurați că aveți un BDF completat corespunzător pentru conturile dumneavoastră eligibile. Îmi încurajez clienții să completeze un BDF pentru ei înșiși. Cereți tuturor angajaților să completeze un BDF împreună cu documentele de angajare. Proprietarii de afaceri ROBS sunt responsabili în ultimă instanță pentru a se asigura că un BDF este completat pentru fiecare angajat, inclusiv pentru ei înșiși. Administratorul planului dvs. vă poate ajuta să completați documentele necesare, dar nu va aduce pe cineva la compania dvs. pentru a da un BDF unui angajat. Nu uitați că drepturile dumneavoastră în cadrul planului 401(k) se extind asupra dumneavoastră, în calitate de angajat sau de beneficiar al angajatului, nu asupra altcuiva. Dați-vă singuri actele, completați-le, returnați-le și păstrați copii în locurile corespunzătoare.

Acționarii societății The Best Ethiopian Food in Town Corporation (TBEFIT) sunt:

Gondar;

Jahzara;

Planul 401(k) al TBEFIT Corp FBO Gondar;

TBEFIT Corp 401(k) Plan FBO Jahzara.

Gondar moare. Jahzara decide să păstreze compania și planul 401(k). Ce se întâmplă cu acțiunile sale și cu acțiunile pe care planul le deține în beneficiul său?

Determinarea prețului acțiunilor: Cel puțin, este necesară o determinare exactă a prețului acțiunilor pentru a calcula dacă averea defunctului datorează impozit pe succesiune și pentru a documenta noua bază de calcul a acțiunilor personale moștenite. Vă recomandăm să cereți ajutorul contabilului dumneavoastră. TPA a planului poate avea nevoie de informații despre prețul acțiunilor, dar nu va ajuta la determinarea prețului sau a metodei de calcul al prețului. Prețul tranzacțiilor cu acțiuni este un element de audit. Toate tranzacțiile cu acțiuni într-o corporație ROBS trebuie să fie examinate pentru probleme de considerație rezonabilă, chiar dacă planul nu este direct implicat.

Întreținerea registrului de acțiuni: Într-o corporație ROBS, este posibil să se comită o tranzacție interzisă sau o distribuire impozabilă prin simpla menținere necorespunzătoare a registrului de acțiuni. Registrul de acțiuni este, de asemenea, un element de audit. TPA pentru planul 401(k) este obligată să aibă la dosar un registru de acțiuni actualizat, dar TPA nu este responsabilă de actualizarea registrelor corporative. De asemenea, transmiteți o copie contabilului și avocatului local. Aceștia trebuie să știe că planul dvs. 401(k) deține acțiuni în compania dvs. pentru a vă putea consilia în mod corespunzător. Unii clienți ai ROBS Promoter care vin la mine pentru ajutor au înregistrări în registrul de acțiuni care indică faptul că investiția din plan a dispărut pur și simplu în propriile buzunare. Transformarea acțiunilor planului într-un activ personal este o tranzacție interzisă. Fiscul poate reconstitui conversia ca o distribuție impozabilă dacă nu este corectată. Dacă aveți nevoie de ajutor pentru a corecta acest lucru, consultați contabilul sau avocatul dumneavoastră local. Acest lucru este foarte important. Informațiile din registrul contabil trebuie să includă:

Numărul certificatului de acțiuni;

Numărul de acțiuni emise sau transferate;

Acționarul căruia i-au fost emise sau transferate acțiunile;

datele de contact ale acționarului (utilizate pentru comunicarea cu acționarii);

data emiterii sau a transferului;

Suma plătită pentru acțiuni;

Prețul pe acțiune;

O notă privind istoricul acțiunilor (de exemplu, emiterea inițială, cui au fost transferate și de ce).

Părțile independente care citesc registrul de acțiuni (de exemplu, un agent al Fiscului în cadrul unui audit sau cineva care cumpără societatea) ar trebui să fie în măsură să determine cine votează pentru câte acțiuni și să calculeze numărul total actual de acțiuni emise sau în circulație. Unii oameni păstrează numărul curent de voturi într-un registru separat, ceea ce funcționează, de asemenea, bine.

Actualizați registrul de acțiuni ori de câte ori sunt emise, răscumpărate sau transferate acțiuni. Registrul de evidență ar trebui să înregistreze prețul acțiunilor emise sau răscumpărate de către societate, dar, de obicei, nu ține evidența tranzacțiilor de preț între acționari. Deoarece societățile ROBS emit de obicei acțiuni către un plan, iar o persoană fizică care este o persoană descalificată emite acțiuni către plan, recomand ca registrul să includă informații privind prețul acțiunilor, chiar și pentru transferuri.

Cea mai bună practică este o înregistrare în registrul contabil care arată clar acțiunile emise către Gondar la această dată, transferate către Jahzara la această dată și așa mai departe. Înregistrările detaliate ale emisiunilor de acțiuni și înregistrările financiare care susțin registrul contabil pot rezolva disputele, cum ar fi o contestație privind ruperea vălului corporativ, sau pot răspunde la întrebările IRS privind urmărirea acțiunilor planului.

Cum se gestionează acțiunile personale ale persoanei decedate: Acțiunile personale ale lui Gondar (certificatul de acțiuni 1) fac parte din patrimoniul său. Ceea ce se întâmplă cu activele din patrimoniul său este determinat de testamentul său sau, dacă nu există un testament valabil, de legile privind succesiunea ab intestatului din statul său. În acest exemplu, Jahzara moștenește acțiunile personale ale lui Gondar. Valoarea acțiunilor sale personale este inclusă în calculul impozitului pe moştenire. Ea moşteneşte acţiunile cu această valoare ca bază de calcul. Acest lucru este adesea denumit baza de impozitare intensificată. Acţiunile ei (certificatul de acţiuni 2) îşi păstrează baza iniţială. Detaliile înregistrării în registrul de acţiuni depind de coloanele din registrul de acţiuni.

Există mai multe moduri corecte de a efectua aceste înregistrări. O persoană care nu cunoaşte evenimentele ar trebui să fie capabilă să se uite la registru şi să înţeleagă că, la o anumită dată, acţiunile personale ale lui Gondar au fost transferate către Jahzara la un anumit preţ. De la acea dată, Jahzara deţine şi votează aceste acţiuni.

Un registru de acţiuni nu este necesar din punct de vedere legal pentru a distinge diferenţele de bază între acţiunile deţinute de acţionari, dar este util. Vă recomand să păstraţi ambele registre personale de acţiuni: să arătaţi certificatul de acţiuni 1 ca fiind transferat către Jahzara şi să păstraţi certificatul de acţiuni 2 aşa cum este.

Cum se gestionează acţiunile planului: Acţiunile deţinute de planul 401(k) al FBO Gondar sunt transferate în conformitate cu BDF şi, dacă nu există BDF, în conformitate cu documentele planului. Oricum ar fi, Jahzara moşteneşte acţiunile în acest scenariu. După cum s-a discutat în capitolul anterior, soţul supravieţuitor poate alege să amâne distribuirile obligatorii din planul 401(k) moştenit până în anul în care soţul supravieţuitor împlineşte vârsta de 70½ ani. Conceptul de majorare a bazei nu se aplică acţiunilor planului, deoarece toate distribuirile sunt impozitate la ratele obişnuite de impozitare a venitului, pe baza preţului calculat la momentul distribuirii. Cu excepţia cazului în care TPA dă alte instrucţiuni, actualizaţi pur şi simplu certificatul de acţiuni 3 în acelaşi mod în care aţi modificat certificatul de acţiuni 1. La o anumită dată, acţiunile deţinute de planul 401(k) FBO Gondar au fost transferate planului 401(k) FBO Jahzara. De la acea dată, planul deţine şi Jahzara votează aceste acţiuni.

Un motiv important pentru a face distincţia între acţiunile planului lui Jahzara şi acţiunile planului pe care le-a moştenit de la Gondar este faptul că LDC de 10% nu se aplică contului moştenit dacă ea are mai puţin de 59½ ani. O strategie pe care ar putea să o discute cu contabilul ei este să transfere acţiunile planului 401(k) moştenite către ea însăşi ca o distribuţie impozabilă în sume care nu vor afecta în mod semnificativ impozitele personale. În timp, Jahzara ar putea eventual să deţină mai multe acţiuni în nume propriu fără un impact fiscal semnificativ.

O realocare corectă a acţiunilor are ca rezultat unul, doi, trei sau patru acţionari? Dacă aş ajuta-o pe Jahzara să ţină registrul de acţiuni al TBEFIT, registrul rezultat ar avea patru intrări care ar arăta detalii istorice şi transferuri către noi acţionari. De fapt, registrul de acţiuni ar putea avea două sau trei, în funcţie de informaţiile pe care registrul de acţiuni le înregistrează pentru fiecare acţionar. Orice registru de evidenţă care este clar şi precis va funcţiona. În cazul unui audit, registrul de acţiuni, registrele financiare, declaraţiile fiscale şi registrele planului trebuie să conţină aceleaşi informaţii. Un registru de acţiuni TBEFIT corect nu trebuie să aibă o singură intrare. Un registru de acţiuni care arată că Jahzara deţine toate acţiunile după decesul lui Gondar indică faptul că ea a primit o distribuție de 100% din plan. Am văzut deja această eroare. Este această eroare suficientă pentru ca Fiscul să pretindă că a existat o distribuție? Nu, nu în sine, dar va cauza probleme de raportare dacă nu este corectată.

Trimiteți fișa de stocuri la TPA: Trimiteți fișa de stocuri completată la TPA a planului. TPA nu este responsabilă de actualizarea înregistrărilor companiei. Multe TPA-uri nu doresc date financiare justificative, ci doar registrul general. Furnizați TPA-ului dumneavoastră tot ceea ce vă solicită.

Documentul 5500 pentru planul 401(k) include o linie pentru "participanții decedați ai căror beneficiari primesc sau au dreptul să primească beneficii". Anexa H prezintă valoarea totală a titlurilor de valoare calificate ale angajatorului deținute de plan, fără a fi defalcate pe angajat. În cazul în care aceste formulare raportează că planul deține acțiunile, este probabil ca numai registrul de evidență să nu declanșeze o distribuire. În cazul în care o evidență incorectă este furnizată către TPA, TPA poate acționa pe baza acestei evidențe și poate modifica documentele planului fără a întreba clientul dacă informațiile sunt cele pe care le-a dorit. Persoana care creează formularele planului ar putea deduce: "Jahzara deține acțiunile? Asta înseamnă că trebuie să actualizez formularul 5500 pentru a arăta o distribuție, să emit un 1099..." Se întâmplă. Acesta este un scenariu în care un gram de prevenire valorează mai mult decât un kilogram de leac.

Să mergem mai departe: Actualizarea registrului de acțiuni și a documentelor planului durează o oră sau două. Este posibil să doriți să consultați un avocat sau un CPA în cazul în care TPA solicită procese-verbale ale ședințelor consiliului de administrație pentru a înregistra modificările acțiunilor sau o analiză scrisă a prețului acțiunilor. Viața și menținerea unei afaceri după pierderea unei persoane dragi poate dura o viață întreagă. Pașii din acest capitol se aplică în orice scenariu în care întreprinderea și planul continuă după decesul unei persoane care deține acțiuni ale întreprinderii personal și prin intermediul planului. Aceste scenarii includ;

- Decesul unui proprietar minoritar, în cazul în care decizia de continuare a societății este luată de proprietarul majoritar, nu de moștenitorii proprietarului minoritar.

- Soțul/soția sau moștenitorul unui proprietar unic care nu a făcut parte din companie, dar care o moștenește și alege să continue.

- Un proprietar supraviețuitor care nu este soț, care nu este moștenitor al acțiunilor personale ale proprietarului decedat sau beneficiar al acțiunilor din plan, dar care utilizează o asigurare de viață sau alte active pentru a cumpăra acțiunile și a dobândi proprietatea deplină a societății.

- O parte neafiliată care achiziționează societatea și decide să mențină planul pentru angajații existenți, contribuind poate cu fonduri la plan pentru a finanța o parte din achiziție.

Nu trebuie să fiți un expert; trebuie doar să știți unde găsiți informațiile de care aveți nevoie, când aveți nevoie de ele sau cine vă poate ajuta. Începeți cu TPA și CPA și apoi cu această carte.

Întrebare de test: Jahzara decide să vândă compania unei prietene, Semira, care este etiopiană și care i-a admirat restaurantul încă de la început. Semira optează pentru o achiziție de acțiuni pentru a păstra licențele existente, chiria și bunăvoința comunității. Ea păstrează angajații și planul 401(k). Deși Semira contribuie cu fonduri calificate la plan, ea nu cumpără acțiuni ale companiei cu aceste fonduri. Ea a finanțat întreaga achiziție cu fonduri personale. Semira a depus o cerere de recunoaștere a afacerii deținute de femei și a primit o publicitate excelentă pentru seara de deschidere "sub o nouă conducere". Jahzara a participat și a prezentat-o pe Semira unor persoane pe care le-a recunoscut. Jahzara s-a retras apoi din activitatea de restaurant pentru a se ocupa de inițiativele privind apa curată în comunitatea sa de origine. Ceea ce nu este adevărat:

1. Registrul de acțiuni de după cumpărare arată că Semira este unicul acționar.

2. Se presupune că prețul negociat de Jahzara și Semira pentru vânzare îndeplinește cerințele Planului pentru o contraprestație adecvată.

3. Înregistrarea unică rezultată în registrul de acțiuni înseamnă că Jahzara a optat pentru o distribuție impozabilă.

4. Dacă planul permite, Jahzara poate păstra în plan fondurile sale calificate personale și fondurile calificate pe care le-a moștenit de la Gondar, chiar dacă nu mai este angajată la restaurant.

Răspuns: În acest scenariu, un registru de acțiuni care arată că Semira este unicul acționar este corect. Acest lucru nu înseamnă că Jahzara a ales o distribuție din plan, deci 3 nu este adevărat. Semira i-a plătit direct lui Jahzara pentru acțiunile sale și pentru acţiunile pe care le-a moştenit de la Gondar. Jahzara datorează impozit pe câştigurile de capital pentru acţiunile sale pe baza bazei iniţiale. Ea datorează impozit pe câştigurile de capital pentru acţiunile personale moştenite pentru câştigurile realizate de la moştenire. Semira a plătit Planului pentru acţiunile din Plan. Jahzara poate transfera fondurile planului către un alt plan sau IRA, poate primi o parte sau toate fondurile ca o distribuţie impozabilă sau poate lăsa fondurile în plan dacă planul permite ca acesta să deţină în continuare fonduri pentru non-angajaţi. Follow the money (Urmăriţi banii) se aplică în egală măsură atât pentru IRS care examinează planurile 401(k), cât şi pentru procurorii care descoperă scandaluri politice.

Capitolul 17: ROBS: Păstrarea companiei, închiderea planului

Acest capitol evidențiază problemele care apar atunci când cineva moștenește o companie finanțată prin ROBS și fondurile planului, decide să mențină compania activă și dorește să încheie planul 401(k). Lista de verificare a IRS pentru rezilierea unui plan de pensii include următorii pași:

Modificarea planului pentru a opri contribuțiile;

Anunțați toți participanții la plan;

Furnizați o notificare de transfer;

Plătiți toate contribuțiile obligatorii restante ale angajatorului;

Puneți toți "participanții afectați" la 100 %;

să transfere sau să distribuie toate activele planului cât mai curând posibil din punct de vedere administrativ;

Depunerea oricăror declarații finale aplicabile din seria Formular 5500.

Există doar două moduri în care activele planului pot părăsi în mod corespunzător planul:

1. 1. Planul transferă activul din plan într-un alt cont calificat. Un transfer corect reduce valoarea planului și mărește un alt cont calificat cu aceeași sumă. Transferurile nu sunt evenimente impozabile.

2. Planul distribuie activul ca eveniment impozabil.

Asta este! Dacă un transfer nu este documentat în mod corespunzător, TPA sau IRS poate recalifica transferul ca fiind o distribuție. TPA-urile se ocupă de detaliile planului și pot recomanda un avocat sau un contabil pentru a determina suficiența juridică a evaluării unui activ.

Sam a renunțat la slujba sa de inginer mecanic atunci când numărul de CD4 a scăzut sub 200. Urcarea pe scara corporatistă nu mai părea importantă. Unii dintre inginerii companiei considerau că Sam nu se potrivea cu cultura biroului: se îmbrăca impecabil, spunea glume care îi făceau pe oameni să râdă mai degrabă decât să crâcnească și îi lăsa pe oameni să-i atingă creioanele mecanice. Lăsând la o parte cultura inginerească, când un client din domeniul aerospațial a avut nevoie de cineva care să proiecteze un test de rezistență pentru un nou rezervor de combustibil de aviație nanocompozit, toată lumea l-a indicat pe Sam ca fiind cea mai bună persoană pentru acest post. Proprietarii i-au oferit lui Sam diverse stimulente pentru a rămâne, dar au înțeles de ce voia să se mute într-un mic oraș de la malul mării și să se relaxeze. Mai mulți parteneri seniori au invidiat în secret noul stil de viață al lui Sam, dar nu suficient de mult pentru a face vreo schimbare în vederea îmbunătățirii propriei sănătăți sau a reducerii stresului.

Sam nu voia să se pensioneze pur și simplu. Avea nevoie de ceva de făcut - ceva relaxant, plăcut și înălțător pentru el și pentru noua sa comunitate. În copilărie, în timp ce alți băieți voiau să fie supereroi sau să intervină în situații de urgență, Sam voia să ajute oamenii să arate cât mai bine. A decis să deschidă o frizerie de lux, ceva nemaiauzit pentru un oraș cu mai puțin de cinci mii de locuitori care depindea de turismul estival sau de weekendurile însorite după ce fabrica de conserve locală se închisese cu zeci de ani mai devreme. Cei doi frizerii din oraș au crezut că Sam va da faliment într-un an.

Oamenii încep afaceri finanțate de ROBS din diverse motive. Oricare ar fi afacerea, trebuie să aveți o așteptare rezonabilă de recuperare a investiției din plan. Sam și-a imaginat un salon de înfrumusețare de succes, dar faptul că veniturile sale depășeau cheltuielile an de an nu era atât de important pentru el, cât să se bucure de ceea ce îi mai rămăsese din viață. Bolile terminale îi schimbă pe oameni dincolo de componentele fizice ale bolii în sine. Unii oameni resimt pierderea sănătății. Alții găsesc un confort liniștit în viața care le-a mai rămas. Tendința lui Sam de a saluta pe toată lumea ca pe un prieten a fost extinsă în acest oraș până când intrarea în salonul său a însemnat intrarea într-un loc de acceptare necondiționată pentru majoritatea oamenilor, mai mult decât orice altă ușă din oraș, chiar mai mult decât propriile lor case.

Sam și-a numit salonul Pasión (Pasiune, în spaniolă) în onoarea bunicii sale spaniole, care l-a învățat să trăiască viața din plin. Încă îi mai auzea vocea puternică a acesteia proclamând "¡vivir con pasión!" (trăiește cu pasiune) atunci când îi ciupea cecul sau îi ciufulise părul. Sam îi asculta pe oameni și îi accepta fără să-i judece, chiar și pe cei care îi judecau aspru. Un localnic i-a spus lui Sam că boala lui era judecata lui Dumnezeu pentru că era homosexual. Sam i-a răspuns că nu crede în această afirmație, la fel cum Dumnezeu nu i-a judecat pe oamenii heterosexuali pentru Ebola, boala Lyme sau cancer. Apoi a zâmbit, o expresie a păcii interioare (sau oare eterne?) pe care o simțea. Localnicul a făcut o grimasă, reflectând și el inima sa.

Unii dintre localnicii care îi vizitau cu regularitate căsuțele de pe malul mării preferau veselia lui Pasión în locul disprețului subtil deghizat în rafinament din cele mai scumpe saloane din oraș. În câteva luni, localnicii, care de obicei se fereau să facă afaceri cu persoane nou-venite în oraș de mai puțin de un an sau doi, au intrat pe ușile lor din curiozitate și au revenit ca și clienți. Pasión a crescut și a ajuns să includă patru posturi de salon, terapie prin masaj, o mașină de cafea cu lapte cu autoservire și un scaun de masaj cu gravitație zero. Stiliștii și terapeutul de masaj lucrau pe cont propriu și nu puteau participa la planul 401(k) al companiei. Stiliștii au preferat flexibilitatea și salariul ușor mai mare oferit de modelul de contractant independent față de cel de angajat al salonului.

Unul dintre stiliști, Matt, a creat o campanie pe rețelele de socializare în care se prezenta în diferite ipostaze, oferindu-le urmăritorilor săi șansa de a ghici care este poza zilei și de a câștiga un voucher cadou. Întins pe podea în fața intrării în salon, el era un Matt de la ușă. Așezat în spatele biroului, un Matt primitor. Purtând o cască și dopuri pentru urechi, un Matt de securitate.

Momentele mediatice ale lui Matt s-au transformat în oameni care trimiteau fotografii cu coafuri pe care le îndrăgeau, după ce Matt a rămas fără idei de jocuri de cuvinte. Creativitatea lui Matt în atragerea și păstrarea afacerii a făcut ca Pasión să continue să funcționeze în timpul crizelor de boală ale lui Sam.

Când starea lui Sam s-a înrăutățit, acesta a decis să lase Pasión în grija lui Matt și a planului său 401(k) pentru cercetarea bolilor infecțioase.

Vom parcurge lista de două ori, în primul rând pentru că Sam a dorit să lichideze complet planul înainte de a muri și, în al doilea rând, pentru a discuta ce ar face Matt diferit dacă ar trebui să finalizeze etapele. Sam poate finaliza planul cât timp este în viață. Faptul că reușește sau nu să finalizeze procesul depinde de resursele și obiectivele sale. Dacă Sam decide să încheie planul, ar trebui să apeleze la TPA-ul său pentru a-l ajuta să completeze procesul de șapte pași al IRS. Paragrafele numerotate de mai jos indică acțiunile lui Sam în fiecare etapă.

1. TPA modifică planul pentru a fi semnat de Sam. 2. TPA poate solicita un proces-verbal al ședinței consiliului de administrație care să includă rezoluția consiliului de a rezilia planul. În cazul în care TPA-ul lui Sam nu furnizează un model, acesta poate crea procesul-verbal necesar fără a angaja un avocat. Pur și simplu, el urmează cerințele statului său în ceea ce privește conținutul și formatul, dacă există, inclusiv o propunere a unui membru al consiliului de administrație de a rezilia planul, o discuție și un proces-verbal de adoptare a rezoluției.

2. Nu este necesară nicio documentație pentru a notifica participanții la plan cu privire la încetarea planului, deoarece Sam este cel care a decis să înceteze planul și este singurul angajat. DOL presupune că Sam știe totul despre plan, deoarece el l-a sponsorizat. Este puțin probabil ca aceștia să fie înțelegători cu Sam dacă acesta se plânge că angajatorul său nu l-a informat cu privire la drepturile sale.

3. IRC § 402(f) prevede că administratorul unui plan calificat § 401(a) trebuie să furnizeze o declarație scrisă fiecărui beneficiar al unei distribuții eligibile prin transfer, astfel cum este definită în § 402(c)(4). TPA îi trimite lui Sam un simplu e-mail cu notificarea de rostogolire, iar etapa a treia este completă.

4. Contribuțiile angajatorului la planul 401(k) sunt discreționare. Ele constau într-o formulă de contribuție de contrapartidă sau în participarea la profit cu impozit amânat. De exemplu, un angajator poate alege să echivaleze 100% din primele 3% din contribuția salarială a unui angajat și 50% din următoarele 2% din contribuția salarială a unui angajat. Toți angajații sunt notificați în prealabil. Contribuția angajatorului devine o obligație salarială. Consiliul de administrație poate decide că nu este în măsură să continue egalizarea și să oprească cheltuielile. Un angajator nu este scutit de plata contribuțiilor angajate restante prin votul de întrerupere a echivalării sau prin încetarea planului. TPA va examina documentele planului și situațiile financiare pentru a stabili dacă angajatorul datorează bani planului. Dacă da, Sam trebuie să finanțeze contribuțiile restante.

5. Aceste planuri 401(k) conțin un calendar de dobândire care se aplică contribuțiilor angajatorului. Angajații sunt întotdeauna învestiți în totalitate în ceea ce privește propriile contribuții. O formulă obișnuită de dobândire a drepturilor crește dobândirea cu 20% pentru fiecare an de angajare, până când angajatul dobândește în totalitate contribuția angajatorului în al șaselea an de angajare. Angajatorul poate folosi fondurile nevărsate pentru a compensa contribuțiile viitoare. Angajatorul nu poate returna companiei fondurile neutilizate. În cazul în care un plan se încheie, toți angajații devin pe deplin dobândite. În cazul în care angajatorul nu contribuie, acest lucru este discutabil.

6. Acest pas este cel mai dificil pentru proprietarii de afaceri ROBS. Majoritatea planurilor nu permit transferuri fără numerar, iar majoritatea clienților și companiilor ROBS nu au banii necesari pentru a cumpăra acțiunile planului. Chiar dacă planul lui Sam i-ar permite să transfere acțiuni ale companiei, o IRA care deține acțiuni ale companiei sale creează o tranzacție interzisă. Sam are o poliță de asigurare de viață cu un beneficiu în caz de deces mai mare decât valoarea acțiunilor din plan. Dacă îi lasă planul lui Matt și asigurarea de viață unei organizații de caritate, Matt va deține 100% din companie și ar trebui să primească RMD din acțiunile moștenite ca un eveniment impozabil. Cu toate acestea, dacă își desemnează asigurarea de viață pentru a retrage acțiunile din plan, moștenirea de către Matt a acțiunilor personale ale lui Sam îl va lăsa pe Matt cu 100% din companie, fără probleme legate de RMD. În orice caz, organizația caritabilă moștenește fără un eveniment impozabil. Dacă Sam dorește să folosească o poliță de asigurare de viață pentru a plăti planul pentru acțiunile sale și

să evite impozitele pe distribuţie prin numirea unei organizaţii de caritate ca beneficiar, nu poate face acest pas cât timp este în viaţă. Pentru a face el însuşi acest pas, Şam trebuie fie să plătească pentru acţiuni şi să transfere banii într-un alt cont calificat, fie să îşi distribuie acţiunile ca eveniment impozabil.

7. TPA va marca 5500 ca fiind declaraţia finală a planului doar pentru anul în care planul ajunge la un sold zero. Dacă contul lui Sam este transferat sau distribuit până la un sold zero în timpul vieţii sale depinde de abordarea dvs. la pasul 6.

Să analizăm acum situaţia din punctul de vedere al lui Matt. Sam a decedat. Sam i-a lăsat poliţa sa de asigurare de viaţă lui Matt şi planul său 401(k) unei organizaţii caritabile. Acest lucru îi oferă lui Matt opţiunea de a vinde sau de a păstra afacerea. Matt decide să păstreze salonul deschis şi să închidă planul, cumpărând acţiunile cu banii din asigurarea de viaţă. În acest fel, Matt trebuie să parcurgă paşii pentru a încheia planul.

1. TPA modifică planul pentru a fi semnat de Matt. TPA poate solicita un proces-verbal al şedinţei consiliului de administraţie care să includă rezoluţia consiliului de a încheia planul şi să îl numească pe Matt ca semnatar al planului. În cazul în care TPA-ul lui Matt nu furnizează un model, acesta poate întocmi procesul-verbal necesar fără a angaja un avocat. El va respecta pur şi simplu cerinţele statului său în ceea ce priveşte conţinutul şi formatul, dacă există, inclusiv moţiunile unui membru al consiliului de administraţie de a rezilia planul şi de a-l numi pe acesta să semneze orice documente rămase ale planului pentru corporaţie. De asemenea, este posibil ca Matt să aibă nevoie de un

proces-verbal al adunării acționarilor pentru a arăta alegerea sa în consiliu.

2. Niciun angajat nu trebuie să fie notificat cu privire la încetarea planului.

3. Organizația caritabilă are dreptul la notificarea IRC § 402(f).

4. TPA va verifica contul pentru contribuțiile angajatorului scadente. În cazul puțin probabil în care compania datorează contribuții ale angajatorului în contul planului lui Sam, Matt ar trebui să facă aceste plăți înainte de a calcula soldul datorat organizației caritabile.

5. Deoarece Sam a decedat înainte ca consiliul de administrație să voteze încetarea planului, contul lui Sam nu este neapărat îndreptățit să primească fonduri neutilizate. Probabil că planul îi permite societății să returneze aceste fonduri societății. TPA îl va sfătui pe Matt în consecință cu privire la existența oricăror fonduri nevărsate și la documentația planului.

6. Matt are nevoie de o evaluare a societății în momentul decesului lui Sam din diverse motive, inclusiv evaluarea acțiunilor deținute de plan. Matt plătește apoi această sumă către plan. El nu este obligat să folosească în mod specific veniturile din asigurare, deși aceasta este cea mai probabilă sursă de fonduri. Matt ar trebui apoi să actualizeze registrul de acțiuni al societății pentru a arăta că a cumpărat acțiunile în cadrul planului și că acum le deține.

7. TPA scrie un cec către organizația caritabilă pentru a goli planul și înregistrează un ultim 5500.

Întrebare de test: Sam i-a spus lui Matt despre intenția sa de a-i lăsa societatea lui Matt și contul planului către organizația caritabilă. Sam i-a spus chiar și lui Matt cum se încadrează asigurarea de viață în acest scenariu. Înainte de a-și putea pune în aplicare planul, Sam a murit rapid într-un accident care nu avea legătură cu procesul de deces mai lent cauzat de boala sa. Matt nu a reușit să găsească un testament. TPA și compania de asigurări de viață au raportat că nu au reușit să localizeze un BDF semnat de Sam. Ce poate face Matt din punct de vedere legal pentru a îndeplini dorințele lui Sam?

1. Să preia proprietatea deplină a companiei, să se aleagă în consiliul de administrație, să se numească pe sine ca administrator al planului, să completeze un BDF pentru plan și asigurarea de viață așa cum a dorit Sam, semnând cu numele lui Sam și datând formularele înainte de accidentul lui Sam.

2. 2. Nimic.

3. 3. Să modifice registrul de acțiuni pentru a arăta un transfer al acțiunilor personale ale lui Sam către el însuși și apoi să se aleagă acționar și director, astfel încât să poată cel puțin să mențină corporația deschisă pentru afaceri în timp ce toate celelalte lucruri sunt rezolvate.

4. Să depună o petiție la tribunalul de succesiuni pentru a deveni reprezentant personal (PR) al succesiunii lui Sam și să îndeplinească dorințele lui Sam în calitate de PR. Planul și asigurarea de viață a lui Sam vor trece în mod implicit la succesiune. În absența unui testament, Matt poate distribui averea lui Sam așa cum dorește, folosind activele din patrimoniu pentru a plăti impozitele aferente distribuirii.

Răspuns: Răspunsul 100% corect depinde de legile succesorale din statul de reședință al lui Sam. Dintre cele patru opțiuni enumerate, cel mai corect răspuns este 2 - Nimic. Punctele 1 și 3 sunt ilegale. Matt poate solicita instanței succesorale să devină executorul testamentar al succesiunii, dar nu poate îndeplini dorințele lui Sam. Deoarece Sam nu a avut un testament valabil, succesiunea sa este intestată, iar Matt trebuie să urmeze regulile de distribuire intestată ale statului.

Nu există o singură abordare care să funcționeze pentru toată lumea. Sperăm că proprietarii de ROBS se vor gândi la acești pași înainte de a li se întâmpla ceva. Nu vă faceți timp pentru a obține rezultatele pe care le doriți. Oamenii mă întreabă adesea cât timp pot aștepta pentru a returna BDF sau pentru a crea un testament. Eu le spun să o facă înainte de a muri. Nu știți ce zi este aceea? Atunci nu așteptați. Unii oameni, ca și mine, ar putea dori să știe ce părți din 1 și 3 sunt ilegale și care sunt sancțiunile. Cine are dreptul să se plângă? Dacă Matt creează intențiile lui Sam, contează detaliile procesului? Nu va aclama toată lumea în secret, așa cum facem noi când ne uităm la filme în care eroii și eroinele încalcă regulile pentru a face ceea ce este "corect"? Nu așa funcționează lucrurile în viața reală.

Ce părți din 1 și 3 sunt ilegale? Toate! Completarea unui BDF pentru compania de asigurări în numele lui Sam este fraudă de asigurări. Semnarea numelui lui Sam pe un BDF al planului este un fals și o încălcare a legii ERISA. Manipularea acțiunilor companiei este o încălcare a valorilor mobiliare de stat. Nu contează dacă vreo agenție federală sau de stat și-ar face timp să investigheze aceste circumstanțe. Nu o fac. Dacă Matt ar fi clientul meu, l-aș sfătui să nu facă nimic sau să ceară instanței o soluție de relații publice. Asta e tot! Faptul că acționezi în calitate de PR nu îți dă autoritatea de a îndoi procesul în funcție de dorințele lui Sam. De fapt, acceptarea atribuțiilor de PR ar putea duce la încălcări suplimentare dacă acționează contrar legislației statului. Respectați regulile, chiar dacă rezultă un rezultat diferit de cel pe care credeți că și l-ar fi dorit defunctul.

Sper ca această carte să ajungă la oameni ca Sam cu mesajul de a nu-ți pune beneficiarii în situația de a lua în considerare activități ilegale pentru a-și atinge obiectivele. Faceți-vă testamentul și completați BDF-urile. Nu este pentru tine - nu vei fi prin preajmă când aceste formulare vor intra în vigoare. Este pentru oamenii și cauzele pe care le iubiți.

Capitolul 18: ROBS: Închiderea planului, închiderea corporației

Nu trebuie să muriți pentru a rezilia un plan și a închide o companie. Unii dintre clienții mei aleg să transfere compania copiilor lor, să o vândă unui nou proprietar, fără legătură cu ei, sau pur și simplu să închidă ușile și să treacă la următoarea etapă a vieții lor. Acest capitol abordează o situație în care proprietarul principal al ROBS moare, lăsând un testament care indică cine deține acțiunile personale și un plan 401(k) BDF în care figurează aceeași persoană ca beneficiar. De unde să începi, în mijlocul durerii și tristeții, gata să țipi dacă mai sună încă o dată telefonul de serviciu?

Începeți prin a avea grijă de dumneavoastră. Cereți oamenilor să se ocupe de cât mai mult posibil de acest proces. Angajați-i dacă este necesar. Închiderea companiei și a planului poate dura câteva luni. Luați în considerare ajutorul profesional al unui broker de afaceri, al unui contabil public sau al unui avocat. Creați un calendar flexibil și lăsați-i pe aceștia să îl gestioneze. În fiecare zi, concentrați-vă în primul rând pe bunăstarea dumneavoastră și apoi pe ceea ce trebuie făcut în ziua respectivă. Asistența dumneavoastră profesională va ajuta la determinarea valorii afacerii. În cazul în care conceptul de afaceri este comercializabil, vindeți întreaga afacere printr-o vânzare de active sau de acțiuni. În caz contrar, vindeți toate activele valoroase! Utilizați fondurile obținute pentru a plăti datoriile restante. Cumpărați acțiunile de la acționari atunci când activele și pasivele întreprinderii au fost reduse la bani. Atunci veți fi gata să puneți capăt planului și să dizolvați corporația.

Cumpărătorul poate alege să preia planul 401(k). În acest caz, vă veți ocupa doar de încetarea părții dumneavoastră din planul 401(k), nu de întregul plan. În primul rând, să analizăm fluxul de numerar în fiecare dintre cele trei opțiuni de reziliere a societății: închiderea ușilor, vânzarea activelor și vânzarea acțiunilor. Deși etapele fluxului de numerar sunt ușor diferite, obiectivul este același pentru fiecare opțiune. Compania își vinde activele, își plătește facturile și răscumpără proporțional acțiunile de la acționarii săi.

Recomand să se evite oferirea de finanțare vânzătorului. Deși este permisă, dacă societatea permite unui cumpărător să facă plăți, atât societatea, cât și planul trebuie să rămână deschise până la finalizarea acelui plan de plată. O persoană care a contactat biroul meu a vândut societatea ca o vânzare de active cu o notă pe șapte ani. Mi-a cerut ajutorul pentru a încheia planul său. După ce am discutat despre sfaturi contabile pentru a controla în mod corespunzător plățile și a păstra proprietatea planului, l-am informat că nu putem finaliza procesul până când cumpărătorul nu achită nota. Ar fi vrut să vorbească cu mine înainte de a vinde.

Un alt proprietar de ROBS nu a reușit să vândă un activ unic. Se pare că piața pentru aceste obiecte s-a uscat. Este dificil să stabilești o valoare de piață corectă atunci când nu există un cumpărător dispus să cumpere. Compania i-a dat activul fără nicio valoare și a închis compania și planul. Încă nu am întâlnit un obstacol insurmontabil în lichidarea unei configurații ROBS. Urmați doar principiile contabile general acceptate și totul va fi bine. Dacă aveți nevoie de ajutor, cereți-l.

Pur și simplu închideți ușile: Acționarii și consiliul de administrație al unei corporații ar vota pentru a închide pur și simplu operațiunile dacă societatea nu are nicio valoare de piață. Pașii obișnuiți pentru a închide o companie includ:

- Încheierea în scris a relațiilor cu angajații;

- Anularea sau cesionarea contractelor;

- Vânzarea activelor valoroase;

- Plata facturilor;

- răscumpărarea de acțiuni de la acționari;

- Gestionarea planului, așa cum s-a discutat în capitolul anterior;

- Urmărirea procesului de lichidare a societății.

Ce se întâmplă dacă cineva care moștenește acest aranjament își vinde singur activele la un preț semnificativ mai mic decât valoarea de piață, lăsând în societate doar suficienți bani pentru a plăti facturile, iar apoi închide acțiunile la zero, susținând că societatea nu are nicio valoare? O declarație către administratorul planului cu privire la acțiunile fără valoare ar fi corectă în acel moment, dar nu ar fi întreaga poveste. Persoana respectivă ar evita în mod inteligent o distribuire impozabilă a diferenței dintre vânzările efective și FMV. Dacă este descoperită de către IRS, această tranzacție proprie va duce la amenzi și penalități suplimentare. Vânzarea de active de afaceri către propria persoană nu este o tranzacție interzisă în sine, dar poate ridica probleme similare dacă se face la un preț mai mic decât valoarea de piață corectă.

Dacă un activ este vândut sau donat unui moștenitor al succesiunii sau al planului, documentați valoarea activului și respectați principiile contabile general acceptate. De exemplu, compania deține un camion evaluat la 25.000 de dolari. Societatea transferă camionul unui membru al familiei. Suma de 25.000 de dolari este impozabilă pentru beneficiar, dar impozitele sunt mult mai mici decât costul camionului. Consultați-vă cu contabilul dumneavoastră pentru a vă ajuta cu aceste tipuri de tranzacții fără numerar sau sub valoarea de piață și raportați-le în mod corespunzător.

Vânzarea companiei în cadrul unei vânzări de active: Aproximativ 90% dintre companii sunt vândute ca vânzări de active. Contractul de vânzare-cumpărare (PSA) enumeră activele pe care le dorește cumpărătorul, incluzând adesea numele companiei, listele de clienți, procedurile de operare, contractele transferabile, proprietatea intelectuală, clădirile, echipamentele și, poate, o clauză de neconcurență care impune vânzătorului să nu înființeze o nouă companie similară pe o anumită rază pe o anumită perioadă de timp. O singură vânzare, deși complexă, mai degrabă decât zeci sau sute de vânzări de active individuale asociate cu simpla închidere a ușilor.

Amintiți-vă de avertismentul anterior privind finanțarea vânzătorului. Spuneți pur și simplu nu. Vă recomand să explicați cumpărătorului de ce spuneți "nu" în cazul în care acesta solicită finanțare din partea vânzătorului. Poate că cumpărătorul dispune de fonduri calificate pentru investiții și nu știe despre opțiunea de reînnoire pentru începerea unei afaceri. Deși există o modalitate de a permite companiei cumpărătorului să devină noul sponsor al planului, nu o recomand din mai multe motive minore, dar frustrante. Este mai bine să le cereți să vă sponsorizeze propriul plan și să finalizeze achiziția de active, permițându-vă să vă dizolvați corporația și planul.

Deși angajații sunt un tip de activ, cumpărătorul nu trebuie să îi angajeze. Nu uitați să reziliați toate contractele de muncă, indiferent dacă noul angajator îi angajează sau nu. În cazul unei vânzări de active, contractul de muncă se poate încheia cu o companie într-o zi de vineri și începe cu un nou angajator lunea următoare. Agentul dumneavoastră de vânzări va înființa probabil un cont escrow. Cumpărătorul depune fondurile, societatea de vânzare transferă în mod satisfăcător activele achiziționate, iar societatea de escrow transferă fondurile în contul bancar al societății. Corporația plătește toate datoriile restante și răscumpără acțiunile de la acționari. Planul primește fondurile corespunzătoare și apoi execută instrucțiunile beneficiarului.

Vânzarea acțiunilor corporației ca o vânzare de acțiuni: În cazul unei vânzări de acțiuni, cumpărătorul achiziționează acțiunile de la acționari și devine noul proprietar al societății. Sună simplu, nu-i așa? Noii proprietari continuă pur și simplu relațiile existente cu angajații, contractele de închiriere, contractele și licențele. Cu toate acestea, noii proprietari moștenesc, de asemenea, pasivele societății, inclusiv pasivele necunoscute, cum ar fi procesele care au fost intentate, dar care nu au fost înregistrate sau despre care vânzătorii nu știu nimic.

Abordarea prin vânzarea de acțiuni funcționează mai bine decât vânzarea de active pentru activele netransferabile, cum ar fi anumite licențe, proprietate intelectuală sau contracte. Societatea va continua să dețină toate aceste active. Nu uitați că finanțarea de către vânzător înseamnă să păstrați deschis planul 401(k) și să depuneți declarații anuale până la finalizarea plății, chiar dacă planul este responsabilitatea cumpărătorului. Cumpărătorii achiziționează capitalul (acțiunile) direct de la acționari. Tot ceea ce aparține corporației rămâne acolo unde este. Aceștia au dreptul să vândă activele pe care nu le doresc, să rezilieze contractele de muncă, să anuleze contracte sau să desprindă proprietatea intelectuală. De asemenea, ei pot decide dacă să păstreze planul sau să îl închidă. Planul 401(k) va primi veniturile din vânzare direct ca acționar și apoi va acționa în baza formularului de desemnare a beneficiarului.

Completări ale ROBS la procesul de dizolvare a societății: Un cititor avizat va observa că un proces de dizolvare a unei societăți începe atunci când consiliul de administrație și acționarii, în cadrul unei reuniuni constituite în mod corespunzător, votează pentru dizolvarea societății. Cu toate acestea, procesul de dizolvare nu poate fi finalizat fără a se ocupa de active și pasive, ceea ce include răscumpărarea acțiunilor aparținând planului 401(k). Capitolul anterior a tratat în detaliu închiderea planului în conformitate cu etapele IRS pentru închiderea unui plan. Această secțiune adaugă câteva considerații care nu sunt menționate în lista de verificare a IRS.

Principalele dumneavoastră responsabilități în calitate de fiduciar includ asigurarea faptului că planul primește o "contraprestație adecvată" pentru activele sale în timpul procesului de lichidare și că toate activele fiduciare sunt păstrate pe numele beneficiarilor efectivi. Planul are un cont sau o metodă pentru a primi bani din răscumpărarea acțiunilor? Dacă nu știți, întrebați TPA. Cel puțin, este posibil să fie nevoie să deschideți un cont bancar pentru plan. Nu folosiți contul companiei în acest scop. Odată ce banii se află din nou în contul 401(k), distribuiți sau transferați banii în conformitate cu BDF. Dacă acțiunile nu au nicio valoare, întrebați TPA ce documente sunt necesare pentru a verifica pierderea investiției și reziliați planul. Revizuiți etapele transferului cu TPA, inclusiv sumele în dolari ale tuturor tranzacțiilor. TPA va trebui să emită 1099 pentru anumite tranzacții, cum ar fi distribuțiile sau transferurile.

TPA vă poate întreba dacă intenționați să solicitați o scrisoare de determinare din partea IRS. Cei mai mulți dintre clienții mei ROBS nu solicită una, dar această decizie trebuie luată de la caz la caz. Pentru a vedea ce are de spus IRS în legătură cu această problemă - formularul pe care trebuie să îl completați pentru a solicita una - căutați pe site-ul IRS "determination letter". Este în regulă să nu solicitați una, doar luați o decizie în cunoștință de cauză pe baza costurilor și a timpului pe care le implică și a ceea ce scrisoarea va face pentru dumneavoastră în calitate de fiduciar sau beneficiar al planului. Odată ce planul este golit și TPA are informațiile necesare pentru a depune formularul final 5500, finalizați procesul de dizolvare a societății.

Procesul de dizolvare a societății: Dizolvarea societății este un proces administrat de stat. Dacă doriți să o faceți singur, începeți prin a citi statutul societății. Statutul poate enumera pașii de dizolvare necesari în statul în cauză. Următoarea cea mai bună resursă pe care o aveți este site-ul web al secretarului de stat și linia de asistență pentru companii. Nu toate statele sunt la fel de utile. Dacă doriți îndrumare juridică pentru a vă asigura că urmați toți pașii de dizolvare din statul dumneavoastră, vă recomand să începeți cu avocatul pe care defunctul l-a folosit pentru activitatea corporativă. Dacă nu avea o relație cu un avocat, întrebați proprietarii de întreprinderi similare din zonă pe cine folosesc și dacă le place avocatul. De asemenea, recomand să contactați o firmă de avocatură colaborativă interstatală. Firmele colaborative conectează administrativ practicile independente în ceva care reprezintă o firmă multistatală, dar în general oferă servicii mai bune la un preț mai mic.

Cele mai multe state dizolvă o corporație în trei moduri: pe cale administrativă, judiciară sau voluntară. În cazul unei dizolvări voluntare, procesul utilizat în aceste circumstanțe, majoritatea acționarilor și directorilor votează pentru dizolvarea corporației. Prima sarcină este de a stabili cine votează acțiunile emise și cine face parte din consiliul de administrație. Persoana care moștenește acțiunile din plan va vota probabil majoritatea acțiunilor emise și poate numi un nou consiliu de administrație, dacă este necesar. Dizolvarea voluntară, în multe state, necesită ca articolele de dizolvare să fie depuse la biroul secretarului de stat, conținând următoarele informații:

- Numele societății;

- Data de constituire a acesteia;

- O declarație că societatea nu a început sau a încetat să își desfășoare activitatea,

- faptul că toate datoriile corporației au fost plătite;

- că activele nete ale societății au fost distribuite acționarilor;

- că majoritatea acționarilor sau a directorilor (sau ambii) au aprobat dizolvarea.

O corporație este dizolvată la data intrării în vigoare a articolelor sale de dizolvare. O corporație dizolvată își continuă existența corporativă, dar poate desfășura doar activități adecvate pentru lichidarea și lichidarea activității și afacerilor sale, inclusiv:

- Colectarea activelor sale;

- cedarea bunurilor sale, fie în natură acționarilor săi, fie prin vânzare sau licitație;

- achitarea pasivelor sale;

- distribuirea activelor rămase acționarilor în funcție de interesele acestora.

Este important să se știe ce face și ce nu face dizolvarea. Lichidarea unei societăți cu răspundere limitată nu face nimic în sine:

- Transferă proprietatea asupra activelor societății către creditori sau acționari;

- să împiedice transferul acțiunilor sau titlurilor sale;

- Să supună directorii sau directorii executivi la alte standarde decât cele prevăzute de legislația statului;

- nu modifică cerințele de cvorum sau de vot ale consiliului de administrație sau ale acționarilor;

- să modifice dispozițiile privind alegerea, demisia sau demiterea directorilor sau directorilor executivi;

- să își modifice statutul;

- să se apere împotriva intentării oricărui proces de către sau împotriva societății;

- Suspendarea oricărei proceduri deja în curs de către sau împotriva societății;

- încetarea autorității agentului înregistrat al societății.

Urmați procedurile statutare ale statului dumneavoastră pentru soluționarea plângerilor împotriva societății. Corporația trebuie să notifice în scris dizolvarea reclamanților cunoscuți. Notificarea scrisă trebuie să conțină următoarele informații minime:

- Descrieți informațiile care trebuie să fie incluse într-o reclamație;

- Furnizaţi o adresă poştală la care poate fi trimisă reclamaţia;

- să indice data până la care societatea dizolvată trebuie să primească reclamaţia;

- să precizeze că cererea va fi prescrisă în cazul în care reclamantul care a primit notificarea scrisă necesară nu transmite în timp util cererea către societatea dizolvată sau dacă un reclamant a cărui cerere a fost respinsă de societatea dizolvată nu iniţiază o procedură de executare a cererii în termen de 90 de zile de la data intrării în vigoare a notificării de respingere.

Atingeri finale: Notificaţi în scris IRS că nu mai aveţi nevoie de EIN pentru corporaţie şi plan. Consultaţi articolul IRS "Cancelling an EIN-Closing Your Account" (Anularea unui EIN - Închiderea contului dvs.) pentru a afla cum să faceţi acest lucru. Consultaţi Lista de verificare pentru închiderea companiei din IRS. Depuneţi orice alte declaraţii necesare pentru corporaţie. Dacă întocmiţi singur declaraţia fiscală Formularul 1120 al corporaţiei, asiguraţi-vă că bifaţi căsuţa "final return". Verificaţi etapele de dizolvare din statul dumneavoastră. IRS menţine o bună pagină de resurse pentru fiecare stat pe site-urile guvernamentale ale acestora.

Asta este, corporaţia şi planul sunt închise. Asta înseamnă o mulţime de muncă. Să laşi acţiunile personale şi ale planului în seama altcuiva este uşor. Urmarea procedurilor adecvate pentru a închide corporaţia şi planul este complicată. Sperăm că munca merită răsplata.

Întrebare de test: Chirurgii își exercită în general mâinile. Unii cântă la pian, alții joacă golf, iar alții croșetează. Victor cultivă orhidee. Deși era atent și meticulos, spunea întotdeauna oamenilor că orhideele sale creșteau în ciuda neglijenței programului unui chirurg. Victor s-a alăturat Societății Americane de Orhidee (AOS). A luat parte la ateliere locale și la evenimente de jurizare. Într-un an, și-a petrecut o săptămână din vacanță la Conferința Mondială a Orhideelor. Când a ieșit la pensie, Victor și-a folosit fondurile de pensionare pentru a cumpăra o fermă de orhidee în Hawaii. Ferma includea un frumos bungalow al proprietarului, cu o vedere magnifică la mare. Victor dorea să creeze o nouă orhidee hibridă. De asemenea, el spera să câștige premiul AOS Frank Mr și Elizabeth Jasen Award.

De ce acest premiu special? Așa cum îl descria întotdeauna Victor: "Este pentru soția mea; ea îl merită". Premiul onorează cultivatorii amatori și soțiile care îi tolerează. Inga nu numai că l-a tolerat pe Victor, dar l-a și încurajat. I-a sprijinit atât cariera de chirurg, cât și hobby-ul de orhidee cu dragostea, încurajarea și munca fotografică. Fotografiile ei cu orhideele erau adesea mai populare decât plantele în sine. În loc să își vadă obiectivele ca fiind competitive, Victor și Inga s-au ajutat reciproc să aibă mai mult succes decât ar fi putut avea oricare dintre ei pe cont propriu. Afacerea înfloritoare cu orhidee a crescut sub conducerea lui Victor. Mica sa fermă de orhidee vindea tot ce producea. Atunci când nu era implicat activ în afacere, Victor stătea în sera sa personală, perfecționându-și ideile de hibrizi.

Din nefericire, Victor nu a trăit suficient de mult pentru a maturiza un hibrid unic sau pentru a primi premiul său râvnit. Într-o seară,

Inga l-a găsit în sera sa, victima unui atac cerebral cu câteva ore mai devreme, prăbușit pe ceea ce el numea masa sa de operație pentru orhidee. Inga era prea tulburată pentru a se mai ocupa de plantația de orhidee. L-a contactat pe brokerul care îi vânduse afacerea, sperând că cineva care îl contactase ultima dată ar mai fi fost interesat. De asemenea, l-a sunat pe administratorul planului pentru a discuta opțiunile sale. Registrul de stocuri al companiei arăta că planul 401(k) deținea 95 la sută din acțiuni, toate cu fondurile calificate ale lui Victor. Victor și Inga dețineau fiecare câte 2,5 procente. Prin testament, Victor i-a lăsat averea lui Inga. Planul său BDF a numit-o pe Inga drept beneficiar principal.

Brokerul a contactat un acționar anterior, un localnic pe nume Kaimana, care încă dorea să cumpere compania. Kaimana a fost de acord să cumpere activele. Brokerul a fost de acord să își reducă semnificativ onorariul din cauza circumstanțelor neobișnuite. Inga a decis să rezilieze planul și compania. Ea dorea să transfere în cele din urmă fondurile calificate într-un IRA. Care dintre următoarele este un flux de numerar adecvat pentru acest scenariu?

1. Kaimana scrie trei cecuri: către plan, către succesiunea lui Victor și către Inga. Compania transferă acțiunile către Kaimana. Administratorul planului transferă fondurile calificate către o IRA moștenită pentru Inga și înregistrează un 5500 final.

2. Kaimana scrie un cec către societate. Societatea își transferă activele către Kaimana. Inga utilizează fondurile pentru a achita datoriile rămase ale corporației. Apoi, ea scrie un ultim cec al corporației către ea însăși pentru a închide contul bancar al societății. În termen de șaizeci de zile calendaristice, ea scrie un cec

către un cont IRA moștenit în valoare de partea planului din soldul de închidere. Administratorul planului înregistrează o închidere 5500.

3. Kaimana scrie un cec către societate. Societatea își transferă activele către Kaimana. Inga utilizează fondurile pentru a achita datoriile rămase ale corporației. Ea emite apoi trei cecuri bancare pentru a închide contul bancar al corporației: unul pentru plan, unul pentru succesiunea lui Victor și unul pentru ea însăși, cu sumele corecte datorate fiecărui acționar. Administratorul planului transferă fondurile planului într-o IRA moștenită și depune un formular final 5500.

4. Kaimana scrie trei cecuri: către plan, către succesiunea lui Victor și către Inga. Societatea își transferă activele către Kaimana. Inga plătește datoriile rămase ale societății din averea lui Victor. Administratorul planului transferă fondurile planului către o IRA moștenită și depune un formular final 5500.

Răspuns: Hibrizii funcționează pentru orhidee, dar nu și pentru vânzările comerciale. Așadar, nr. 4 este parțial vânzare de active, parțial vânzare de acțiuni și nu respectă procedurile contabile adecvate nici pentru afacere, nici pentru succesiune. Ar putea funcționa acest lucru? Probabil că da, dacă a funcționa este definit ca fiind pur și simplu atingerea obiectivelor principale ale Ingăi. Suma de bani din plan și transferată în IRA este mai mare decât este necesar, deoarece compania ar fi trebuit să își plătească datoriile rămase, nu succesiunea.

- Opțiunea nr. 1 este o adevărată vânzare de acțiuni, nu o vânzare de active. Inga ar putea urma această abordare, dar ar avea ca rezultat faptul că Kaimana ar deveni proprietarul societății în loc să o închidă, așa cum era prevăzut.

- Opțiunea nr. 2 nu va funcționa, deoarece planurile 401(k) nu permit transferuri de șaizeci de zile. Un transfer de șaizeci de zile este permis doar între IRA-uri. Această abordare va avea ca rezultat o distribuție impozabilă pentru Inga.

- Opțiunea nr. 3 descrie o vânzare corectă a activelor.

Glosar

AO - Account Owner (proprietar de cont). Nu sunteți proprietarul unui cont de pensie, cel puțin nu în același mod în care sunteți proprietarul unei case, al unei mașini sau al unei geci de școală care ar fi trebuit să fie donată cu ani în urmă. În schimb, persoana are dreptul, conform regulilor, să selecteze investițiile, să primească distribuțiile sau să numească beneficiarii. Unele documente se referă la acest rol ca beneficiar efectiv al contului, cel care are dreptul la beneficiile contului. Eu folosesc proprietar de cont în conformitate cu termenul utilizat de IRS.

Contraprestație adecvată. 29 U.S. Code § 1108(b)(17)(B)(i)(II) definește contraprestația adecvată pentru valorile mobiliare care nu sunt tranzacționate la o bursă națională de valori mobiliare ca fiind "un preț nu mai puțin favorabil planului decât prețul de ofertă pentru valoarea mobiliară, stabilit pe baza prețurilor curente de cumpărare și de vânzare cotate de persoane independente de emitent și de partea interesată, ținând seama de factori precum mărimea tranzacției și vandabilitatea valorii mobiliare".

BPD - Basic Plan Document (document de bază al planului). Documentul de bază al planului conține toate dispozițiile neselective ale unui plan. Angajatorul trebuie să pună la dispoziția angajaților o copie a BPD, dar nu este obligat să furnizeze o copie tuturor angajaților.

Contribuție. Un depozit efectuat în conformitate cu regulile pentru tipul de cont, care transformă venitul obținut în fonduri calificate și, prin urmare, eligibile pentru amânarea impozitului pe acel venit.

Corporație. Se crede că prima corporație nebancară din SUA a fost creată în Boston în 1813. O corporație este o entitate juridică creată de stat, cu acționari (proprietarii), un consiliu de administrație și ofițeri. Atunci când este structurată corespunzător, proprietarii sunt protejați de răspunderea corporativă. La nivel de stat, o companie este o corporație. Termenii "C" corporation și "S" corporation sunt denumiri din codul fiscal federal: o corporație "C" este cea în care corporația însăși (C) este contribuabilul responsabil, iar o corporație "S" este cea în care acționarii (partea "S" a unei corporații) sunt contribuabilii responsabili.

Scrisoare de determinare. O "scrisoare de determinare" este o hotărâre scrisă emisă de un director al IRS care aplică principiile și precedentele anunțate anterior de serviciu la un anumit set de fapte. Aceasta este emisă numai atunci când se poate face o determinare pe baza unor reguli clar stabilite într-o lege, într-un tratat fiscal, în regulamente, într-o concluzie dintr-o hotărâre a fiscului sau într-o opinie sau decizie judiciară care reprezintă poziția serviciului. A se vedea Hotărârea privind veniturile 2016-01_IRB.

Distribuție. Cu unele excepții, cum ar fi ROTH IRA, o distribuție transformă fondurile calificate din nou în venituri din muncă, creând un eveniment impozabil.

EGTRRA - Economic Growth and Tax Relief Reconciliation Act of 2001 (Legea de reconciliere a creșterii economice și a scutirii de impozite din 2001). În general, legea a redus ratele de impozitare și a simplificat normele pentru planurile de pensionare și planurile calificate, cum ar fi conturile individuale de pensii, planurile 401(k), planurile 403(b) și planurile de pensii.

EIN - Numărul de identificare a angajatorului. Este un număr unic din nouă cifre atribuit de IRS entităților nepersonale.

ERISA - Employee Retirement Income Security Act of 1974 (Legea privind securitatea veniturilor din pensii ale angajaților din 1974). ERISA este o lege federală care stabilește standarde minime pentru majoritatea planurilor de pensionare și de sănătate stabilite în mod voluntar în sectorul privat, pentru a asigura protecția persoanelor din aceste planuri.

FBO - For the benefit of. Fonduri deținute de un plan calificat în numele unei anumite persoane.

FDIC - Federal Deposit Insurance Corporation (Corporația federală de asigurare a depozitelor). O agenție independentă creată de Congres în 1933 pentru a menține stabilitatea și încrederea publicului în sistemul bancar național.

FMV - Fair Market Value (valoare de piață corectă). Prețul care ar fi convenit între un cumpărător și un vânzător de bunăvoie, niciunul dintre ei nefiind obligat să acționeze și ambii având o cunoaștere rezonabilă a faptelor relevante.

IRA - Cont individual de pensie. Creat inițial în 1974. Există mai multe variante.

IRC - Internal Revenue Code (Codul fiscal intern). În mod oficial Codul fiscal intern din 1986, IRC este partea internă a legislației fiscale federale legale a Statelor Unite, publicată în titlul 26 din Codul Statelor Unite (USC). IRC este redactat de Congres și pus în aplicare de către Internal Revenue Service (IRS).

IRM - Internal Revenue Manual. IRS publică sute de manuale de proceduri operaționale pentru agenții săi. Organizate pe categorii și puse la dispoziția publicului în format electronic, aceste manuale oferă agenților îndrumări cu privire la toate aspectele muncii lor.

IRS - Internal Revenue Service (Serviciul de venituri interne). IRS este un departament al Departamentului Trezoreriei. Slujba IRS este de a ajuta contribuabilii care se conformează legislației fiscale și, în același timp, de a se asigura că cei care nu doresc să respecte legea își plătesc partea lor corectă.

LLC - Societate cu răspundere limitată. O entitate creată de stat și autorizată pentru prima dată în Wyoming în 1977. Este o structură de afaceri care simplifică proprietatea și gestionarea la un singur nivel, fără a compromite răspunderea limitată a unei societăți comerciale.

PR - Personal Representative (reprezentant personal). PR este autoritatea legală pentru averea unei persoane decedate. Această poziție este cunoscută în unele state sub numele de Executor. În cazul în care o persoană decedează fără testament, această poziție poate fi numită Administrator.

Cont calificat. Orice cont care aparține unui plan calificat. Aceste conturi oferă acces la opțiuni de investiții permise de instituția care oferă contul.

QDRO- Qualified Domestic Relations Order (Ordin calificat de relații interne). O hotărâre judecătorească pronunțată în cadrul unei diviziuni a proprietății în cazul unui divorț sau al unei separări legale care împarte un plan de pensii sau un plan de pensii, recunoscând interesele de proprietate maritală comună în plan sau creând un transfer al unei sume specifice într-un cont pe numele fostului soț.

Titluri de valoare calificate de angajator (Qualified Employer Securities - QES). Acțiuni emise de angajator, transferate în plan și care îndeplinesc cerințele prevăzute la secțiunea 407(d)(5) din ERISA.

Fonduri calificate. Fonduri deținute de un plan calificat în conformitate cu regulile planului.

Plan calificat. Oferă creștere cu impozit amânat și îndeplinește cerințele IRS pentru tipul său de plan.

RLT - Revocable Living Trust. Un tip comun de trust creat în timp ce constituitorul este în viață și în care constituitorul își rezervă dreptul de a revoca trustul, transferând activele înapoi la constituitor. Aceste trusturi devin în general irevocabile după decesul concedentului.

ROBS - Rollover Business Startup. O modalitate de a finanța o corporație prin intermediul unei investiții din planul 401(k) în valori mobiliare calificate ale angajatorului.

SDIRA - Self-Directed IRA (IRA autodirijat). Un termen probabil suprautilizat pe care majoritatea oamenilor îl înțeleg ca însemnând că clientul controlează direct fondurile din IRA sau cel puțin are acces la o gamă mai largă de opțiuni de investiții decât cele disponibile în cazul IRA-urilor societăților financiare.

SDQA - Self-Directed Qualified Account (cont calificat autoadministrat). Termenul meu pentru o gamă largă de conturi calificate care oferă un anumit nivel de control al clientului asupra procesului de investiții, nu doar asupra deciziei de investiții.

Autodirijat. Înseamnă literalmente că clientul dirijează investițiile, ceea ce este valabil pentru toate conturile calificate. Așa cum este utilizat în marketingul conturilor calificate, poate însemna că planul nu restricționează opțiunile de investiții sau că planul nu restricționează opțiunile de investiții ȘI AO este autoritatea de semnare pe un cont care conține fondurile calificate.

SoloK. Un plan 401(k) pentru o persoană care desfășoară o activitate independentă (și soțul/soția) fără angajați acoperiți.

SSN - Social Security Number (număr de asigurare socială). Un număr unic din nouă cifre emis cetățenilor americani, rezidenților permanenți și rezidenților temporari de către Administrația de Securitate Socială.

SIPC - Securities Investor Protection Corporation. Creată în 1970. Supraveghează lichidarea firmelor de brokeraj membre care se închid atunci când firma de brokeraj este în faliment sau are probleme financiare și lipsesc activele clienților.

SPD - Descrierea sumară a planului. Angajatorii sunt obligați să furnizeze o copie a SPD tuturor angajaților. SPD-ul le spune participanților ce oferă planul, cum funcționează, când poate începe un angajat să participe la plan și cum să depună o cerere de beneficii.

Transfer. Mișcarea fondurilor calificate dintr-un cont calificat în altul.

UBTI / UBIT - Unrelated Business Taxable Income / Unrelated Business Income Tax. Venitul comercial nelegat este venitul provenit dintr-o activitate comercială sau comercială desfășurată în mod regulat, care nu este legat în mod substanțial de scopul caritabil, educațional sau de altă natură care stă la baza scutirii organizației.

UDFI - Unrelated Debt Financing Income (venitul din finanțarea datoriilor nelegate). Acest venit provine din proprietăți achiziționate sau îmbunătățite cu fonduri împrumutate, iar producția de venit nu are legătură cu scopul care stă la baza scutirii fiscale a organizației.

USC - Codul Statelor Unite. Codificarea pe domenii a legilor generale și permanente ale Statelor Unite ale Americii. Este întocmit de către Biroul consilierului de revizuire a legilor din cadrul Camerei Reprezentanților a Statelor Unite. http://uscode.house.gov.

Referințe

Carnegie, Dale. (n.d.). How to Stop Worrying and Start Living.

Cornell Law. (n.d.). US Code: § 29-1108. Retrieved from https://www.law.cornell.edu/uscode/text/29/1108

Doyle, Charles Clay, et al., eds. (2012). The Dictionary of Modern Proverbs. New Haven; London: Yale University Press.

"Fearless Girl" statue. (n.d.). AP News. Retrieved from https://apnews.com/article/01e65418a58748008ef2ad40f4427f52

Internal Revenue Service (IRS). (n.d.). Beneficiary. Retirement Topics: Beneficiary. Retrieved from https://www.irs.gov/retirement-plans/plan-participant-employee/retirement-topics-beneficiary

Internal Revenue Service (IRS). (n.d.). Calculating Required Minimum Distributions. Publication 590-B - Calculating Required Minimum Distributions. Retrieved from https://www.irs.gov/publications/p590b

Internal Revenue Service (IRS). (n.d.). Canceling an EIN - Closing Your Account. Retrieved from https://www.irs.gov/businesses/small-businesses-self-employed/canceling-an-ein-closing-your-account

Internal Revenue Service (IRS). (n.d.). Closing a Business

Checklist. Retrieved from https://www.irs.gov/businesses/small-businesses-self-employed/closing-a-business-checklist
Internal Revenue Service (IRS). (n.d.). Determination, Opinion, and Advisory Letter for Retirement Plans. Retrieved from https://www.irs.gov/retirement-plans/determination-opinion-and-advisory-letter-for-retirement-plans-scope-and-benefit-of-a-favorable-determination-opinion-or-advisory-letter
Internal Revenue Service (IRS). (n.d.). Form 5498. Retrieved from https://www.irs.gov/pub/irs-pdf/f5498.pdf
Internal Revenue Service (IRS). (n.d.). Form 990-T. Retrieved from https://www.irs.gov/pub/irs-pdf/f990t.pdf
Internal Revenue Service (IRS). (n.d.). Infrared Manual (IRM) Part 4 Section 72. Retrieved from https://www.irs.gov/irm/part4/irm_04-072-011
Internal Revenue Service (IRS). (n.d.). Infrared Manual (IRM) Part 4 Section 72. Retrieved from https://www.irs.gov/irm/part4/irm_04-072-011
Internal Revenue Service (IRS). (n.d.). Internal Revenue Service (IRS). (n.d.). Unrelated Debt Finance Income (UDFI). Retrieved from https://www.irs.gov/irm/part7/irm_07-027-008
Internal Revenue Service (IRS). (n.d.). Infrared Manual (IRM) Part 4 Section 72. Retrieved from https://www.irs.gov/irm/part4/irm_04-072-011
Internal Revenue Service (IRS). (n.d.). IRA FAQs - Investments. Retrieved from https://www.irs.gov/retirement-plans/retirement-plans-faqs-regarding-iras-investments
Internal Revenue Service (IRS). (n.d.).

Non-Bank Trustees List. Retrieved from https://www.irs.gov/pub/irs-tege/nonbank_trustees_list.pdf

Internal Revenue Service (IRS). (n.d.). Publication 598 - UDFI Section. Retrieved from https://www.irs.gov/pub/irs-pdf/p598.pdf

Internal Revenue Service (IRS). (n.d.). Publication 598. Retrieved from https://www.irs.gov/pub/irs-pdf/p598.pdf

Internal Revenue Service (IRS). (n.d.). Retirement Plan Participant Notices - Distributions. Retrieved from https://www.irs.gov/retirement-plans/retirement-plan-participant-notices-distributions

Internal Revenue Service (IRS). (n.d.). Retirement Plans: Types of Retirement Plans. Retrieved from https://www.irs.gov/retirement-plans/plan-sponsor/types-of-retirement-plans

Internal Revenue Service (IRS). (n.d.). Retirement Topics: Beneficiary. Retrieved from https://www.irs.gov/retirement-plans/plan-participant-employee/retirement-topics-beneficiary

Internal Revenue Service (IRS). (n.d.). State Government Websites. Retrieved from https://www.irs.gov/businesses/small-businesses-self-employed/state-government-websites

Internal Revenue Service (IRS). (n.d.). Terminating a Retirement Plan. Retrieved from https://www.irs.gov/retirement-plans/terminating-a-retirement-plan

Peek and Fleck v. Commissioner, 140 T.C. 216 (2013). Retrieved from https://www.leagle.com/decision/intco20130509e06

Public Law 93-406. (n.d.). Retrieved from https://www.govinfo.gov/content/pkg/COMPS-896/pdf/COMPS-896.pdf

Public Law 107-16. (n.d.). Retrieved from https://www.govinfo.gov/content/pkg/PLAW-107publ16/pdf/PLAW-107publ16.pdf

Retirement Industry Trust Association (RITA). (n.d.). Retrieved from https://rita.memberclicks.net/

Segal, Troy. (n.d.). How can I put my IRA in a trust? Investopedia. Retrieved from https://www.investopedia.com/ask/answers/081815/can-i-put-my-ira-trust.asp

Tucker, Gideon. (1870). Reports of cases argued and determined in the Surrogate's Court of the County of New York. New York, NY: Banks & Brothers, Law Publishers, vol. I.

U.S. Securities and Exchange Commission (SEC). (2018, August 8). Investor Alert. Retrieved from https://www.sec.gov/investor/alerts/sdira.html

Cerere de recenzie de carte

Dragă cititorule, îți mulțumim că ai cumpărat această carte! Aș dori să știu ce părere ai despre ea. Scrierea unei recenzii de carte mă ajută să înțeleg cititorul și, de asemenea, influențează deciziile de cumpărare ale altor cititori. Opinia dumneavoastră este importantă. Vă rugăm să scrieți o recenzie! Bunăvoința ta va fi foarte apreciată!

Lista de cărți

Credința în zona de luptă: O călătorie de luptă, perseverență și triumf

Planificarea Succesorală Pentru Conturile de Pensie Autoadministrate

Speranță: Înțelegerea sinuciderii și a efectelor sale

Despre editor

Această carte a fost publicată de Editura 22 Lions Publishing.

www.22Lions.com

www.ingramcontent.com/pod-product-compliance
Lightning Source LLC
LaVergne TN
LVHW040432051026
849517LV00002B/565
9798869272638